辽宁省教育厅 2022 年度高校基本科研项目《文旅融合背景下辽宁精品红色旅游资源文创设计实践研究》

鲁迅美术学院学术著作出版基金资助出版

基于传统文化背景下的
文创产品设计研究

李 程/著

新华出版社

图书在版编目（CIP）数据

基于传统文化背景下的文创产品设计研究 / 李程著.
北京：新华出版社, 2024. 3
ISBN 978-7-5166-7380-5

Ⅰ. ①基… Ⅱ. ①李… Ⅲ. ①文化产品－产品设计－
研究－中国 Ⅳ. ①G124

中国国家版本馆CIP数据核字（2024）第081787号

基于传统文化背景下的文创产品设计研究

作者： 李　程
责任编辑： 蒋小云
出版发行： 新华出版社有限责任公司
　　　　　　（北京市石景山区京原路8号　邮编：100040）
印刷： 北京亚吉飞数码科技有限公司

成品尺寸： 170mm×240mm　1/16　　　　**印张：** 15.5　**字数：** 246千字
版次： 2025年4月第1版　　　　　　　　**印次：** 2025年4月第1次印刷
书号： ISBN 978-7-5166-7380-5　　　　　**定价：** 88.00元

微店　　视频号小店　　抖店　　京东旗舰店

微信公众号　　喜马拉雅　　小红书　　淘宝旗舰店　　扫码添加专属客服

前言

传统文化是民族智慧和创造力的结晶，它包括民族语言、文字、宗教、哲学、文学、艺术、建筑、服装、饮食等方面的传统知识、价值观、技能和实践经验等，是人类智慧和创造力的历史沉淀和积累。

然而，在全球化的大背景下，传统文化正面临着被边缘化和遗忘的危险。随着经济和社会的发展，人们对物质文化的追求日益强烈，而传统文化的魅力已经不再像过去那么吸引人。在这种情况下，如何保护、传承和发扬传统文化，已经成为一个重要的课题。

鉴于此，本书的创作初衷是希望能够深入探讨传统文化与文创产品设计之间的关系，为传统文化的保护和传承作出积极贡献。笔者注意到，在当今快速发展的时代背景下，文创产业作为新兴产业已经成为经济和文化发展的重要推动力量，而传统文化元素的融入则是文创产品设计的一个重要方向。然而，这一领域还存在着很多问题和挑战。例如，如何将传统文化与现代设计相融合，如何实现传统文化的价值再造，如何推动文创产品设计的创新和发展等等。在这种背景下，笔者希望借助本书的力量，对文创产品设计中传统文化元素的应用方法和实践案例进行系统、全面的阐述，为文创产业的发展和传统文化的保护与传承作出积极贡献。同时，笔者也希望通过本书的推广和传播，引起更多人对传统文化的重视和关注，增强文化自信和文化认同感，进一步推动文化产业和创意产业的健康发展。

本书共分为六章，内容涵盖了文创产品设计的各个方面，是系统且深入的研究。第一章介绍了传统文化及文创产品设计的基本概念和传统文化融入文创产品设计的价值与意义以及文创产品设计的未来发展趋势。第二章介绍了文创产品设计的理论框架，包括形式美法则、创新思维、流程与评价以及文化体现，这些理论框架有助于指导文创产品设计师在设计过程中的思考和操作，提高设计质量和效率。第三章重点探讨了传统文化元素在文创产品设计中的创新与转化，包括传统文化元素的提取、传统文化符号的再现、传统文化情感的传达、传统文化形式的转化，这有助于文创产品设计师更好地理解如何将传统文化元素融入文创产品设计中，创造出具有独特魅力和创新性的作品。第四章则着重展示了传统元素在文创产品设计要素中的体现，包括文字设计、图形设计、色彩设计、编排设计和造型设计，这有助于文创产品设计师更好地理解如何在设计中使用传统元素，创造出更加优秀的作品。第五章探讨了传统文化元素在不同文创产品类型中的设计运用，包括手工艺品、数字媒体、旅游商品、包装和服装等，这有助于文创产品设计师了解不同类型的文创产品的特点和应用方法，更好地满足市场需求。第六章介绍了传统文化背景下的文创产品开发、推广及营销策略，这有助于文创产品设计师了解如何开发和推广文创产品，以及如何通过市场营销策略提高产品知名度和销量。

本书以全面、系统的视角分析了基于传统文化背景下的文创产品设计研究，旨在为设计师、企业家和文化产业从业者、学习者提供实践指导和理论参考。笔者希望通过本书的研究，为传统文化的传承与发扬提供新思路，促进文创产业的持续发展，为人们的生活增添更多美好的色彩。在这个充满变革与创新的时代，传统文化与现代设计相结合，将为文创产业带来无尽的可能。让我们携手共同探索和发掘传统文化的精髓，让它们在文创产品设计中焕发新的生命力，为世界呈现出更多独具匠心的作品。

本书在写作过程中参考和借鉴了许多相关的学术著作与论文，在此向其著作者表示由衷的感谢。同时，在本书的写作过程中，尽力保证了学术性和严谨性，但由于篇幅和时间限制，难免存在不足之处。因此，作者也非常欢迎各位读者提出宝贵的意见和建议，以便在今后的研究和写作中不断进步和完善。

作者

2023年7月

目 录

第一章　概述　　　　　　　　　　　　　　　　　　　　　　　1

第一节　传统文化的概念、传承及保护　　　　　　　　　　　　2

第二节　文创产品设计的概念和特点　　　　　　　　　　　　　7

第三节　传统文化融入文创产品设计中的价值与意义　　　　　13

第四节　文创产品设计的未来发展趋势　　　　　　　　　　　19

第二章　文创产品设计的理论框架　　　　　　　　　　　　　25

第一节　文创产品设计的形式美法则　　　　　　　　　　　　26

第二节　文创产品设计的创新思维　　　　　　　　　　　　　42

第三节　文创产品设计的流程与评价　　　　　　　　　　　　57

第四节　文创产品设计的文化体现　　　　　　　　　　　　　68

第三章　传统文化元素在文创产品设计中的创新与转化　　　77

第一节　传统文化元素的提取与文创产品设计方法　　　　　　78

第二节　传统文化符号的再现与文创产品设计表达　　　　　　86

第三节　传统文化情感的传达与文创产品设计表现　　　　　　92

第四节　传统文化形式的转化与文创产品设计创新　　　　　　99

第四章　传统元素在文创产品设计要素中的体现　　　　**111**

　　第一节　传统元素在文创产品文字设计中的体现　　112

　　第二节　传统元素在文创产品图形设计中的体现　　120

　　第三节　传统元素在文创产品色彩设计中的体现　　133

　　第四节　传统元素在文创产品编排设计中的体现　　145

　　第五节　传统元素在文创产品造型设计中的体现　　155

第五章　传统文化元素在不同文创产品类型的设计运用　　**165**

　　第一节　传统文化元素在手工艺品文创设计中的应用　166

　　第二节　传统文化元素在数字媒体文创设计中的应用　179

　　第三节　传统文化元素在旅游商品文创设计中的应用　184

　　第四节　传统文化元素在包装文创设计中的应用　　194

　　第五节　传统文化元素在服装文创设计中的应用　　200

第六章　传统文化背景下的文创产品开发、推广及营销　　**205**

　　第一节　文创产品的开发　　206

　　第二节　文创产品的推广渠道和方式　　212

　　第三节　文创产品的市场营销　　227

参考文献　　　　**235**

第一章　概述

　　文创产品，是在传统文化基础上，通过创新设计和使用现代技术手段所创造的一种文化产品。近年来，文创产品设计在全球范围内受到了越来越多的关注，成为各国文化产业发展的重要组成部分。然而随着科技的飞速发展和全球化的推进，文创产品设计正面临着诸多机遇与挑战。本章将对传统文化的概念、传承及保护，文创产品设计的概念和特点，传统文化融入文创产品设计中的价值与意义，文创产品设计的未来发展趋势展开论述。

第一节　传统文化的概念、传承及保护

一、传统文化的概念

传统文化是指一个民族、国家或地区在长久的历史发展过程中，逐渐形成并传承下来的文化。它是一种集体记忆，反映了一个群体在某一历史时期的生活方式、价值观、信仰和风俗习惯等。传统文化通常包括以下几个方面。

历史和神话：一定历史时期的重大事件、传奇故事和英雄事迹等。

文学艺术：包括诗歌、戏剧、小说、绘画、雕塑、音乐、舞蹈等。

宗教信仰：诸如佛教、道教、基督教等宗教信仰体系以及神话传说等。

风俗习惯：人们在日常生活中形成的习惯和礼仪，如饮食、服饰、婚嫁、丧葬等。

社会制度：社会组织、政治制度、法律法规等。

思想观念：哲学、道德、伦理等价值观和世界观。

科学技术：古代科学发明、技艺、医学等。

语言文字：表达和传播文化的文字、方言等。

传统文化是一个民族群体意识的载体，它既是历史的积累，也是民族认同的根基。在全球化的背景下，保护和传承传统文化变得尤为重要，可以帮助人们更好地了解自己的文化根源和特色，从而增强民族自豪感和凝聚力。同时，各种文化之间的交流与互鉴，有助于促进人类文明的共同进步。

二、传统文化的传承及保护

（一）传统文化传承及保护的重要性

在当今社会，传统文化的价值已经逐渐得到人们的重视。许多国家和地区都在努力挖掘、传承和发扬自己的传统文化，将其与现代生活相结合，使传统文化在新时代焕发出新的活力。

1. 世界多元文化的交流与碰撞

在全球化的进程中，世界各地的文化相互交流和碰撞正逐渐改变着人类的生活方式和价值观。多元文化的交流与碰撞不仅为我们提供了丰富的文化资源和灵感，还有助于提升国家间的互相理解和尊重。

首先，世界多元文化的交流与碰撞有助于丰富人们的生活体验。通过了解和欣赏其他国家和民族的传统文化，人们可以拓宽视野，体验不同文化的魅力，领略不同文化的美感和情感表达，从而丰富人们的精神世界。

其次，世界多元文化的交流与碰撞可以促进创新和发展。不同文化的碰撞和融合，可以促进新的艺术形式、思想观念和技术发明的产生。例如，古代丝绸之路上的文化交流，推动了东西方科技、哲学、宗教等领域的交流互鉴，推动了人类社会的进步。

再次，世界多元文化的交流与碰撞有助于增进国家间的相互理解和友谊。在全球化的背景下，各国之间的联系日益紧密，文化交流成为沟通和合作的重要手段。通过了解他国的文化传统，我们可以更好地理解他们的价值观和行为方式，进而降低误解和冲突，促进和平与共同发展。

最后，世界多元文化的交流与碰撞有助于保护和传承人类的文化遗产。在全球范围内共享和传播各种文化，可以提高人们对文化多样性的认识和尊重，从而促使各国政府和民间组织共同努力保护濒危文化遗产。

2. 传统技艺的传承与创新

传统技艺的传承与创新在现代社会具有非常重要的意义。许多传统技艺承载着世代相传的匠人智慧和精湛技艺，同时也是民族文化瑰宝。在现代社会，我们需要在传承中进行创新，使传统技艺适应时代发展的需求，焕发出新的生命力。传承与创新传统技艺的意义主要体现在以下几个方面。

首先，传统技艺的传承与创新有助于提高民族认同感。在全球化背景下，保护和传承具有民族特色的传统技艺对于弘扬民族文化、提高民族认同感具有重要意义。许多国家和地区都在努力挖掘、传承和发扬自己的传统技艺，以此为民族文化注入新的活力。

其次，传统技艺的传承与创新可以带动经济发展。将传统技艺与现代科技相结合，可以开发出具有民族特色的新产品，满足市场需求，推动产业升级。例如，中国的景德镇陶瓷业通过不断创新，逐渐发展成为具有国际影响力的陶瓷产业基地。

最后，传统技艺的传承与创新对于传承人类非物质文化遗产具有重要价值。许多传统技艺在长期的传承过程中，逐渐形成了丰富的技艺体系和独特的民间艺术。通过不断的创新和发展，这些传统技艺为后世留下了宝贵的非物质文化遗产。

3. 传统建筑与环境保护

传统建筑与环境保护紧密相连，它们在现代社会中发挥着举足轻重的作用。传统建筑不仅承载了世代相传的文化记忆和建筑智慧，还在很大程度上体现了对环境的尊重和保护。在保护和修复传统建筑的过程中，我们可以从多个方面推动环境保护和可持续发展。

首先，传统建筑的保护有助于资源循环利用。许多传统建筑采用了天然材料，如土、石、木等，在修复过程中可以对这些材料进行再利用，减少资源浪费。此外，修复旧建筑通常比新建更节能、环保，有助于减少能源消耗和碳排放。

其次，传统建筑的保护与修复可以推动绿色建筑的发展。传统建筑往往充分考虑了地域特点和气候条件，采用了自然通风、日光照射、保温隔热等绿色设计理念。现代建筑可以借鉴传统建筑的这些经验，发展绿色建筑，提高建筑的可持续性。

最后，传统建筑的保护与修复有助于保护生态环境。许多传统建筑群位于自然环境之中，与周围的生态系统形成了密切的联系。保护传统建筑，意味着保护这些生态系统，维护物种多样性和生态平衡，促进人与自然和谐共生。

4. 传统文化教育的重要性

传统文化教育在当今社会具有重要的价值和意义。通过对年轻一代进行传统文化教育，可以让他们在全球化背景下更好地认识和尊重自己的民族文化，同时也有助于培养他们的创新能力和社会责任感。在传统文化教育的过程中，我们需要关注以下几个方面。

（1）整合课程设置：将传统文化融入现有的教育体系，让学生在日常学习中接触和了解传统文化，培养他们的文化素养。

（2）丰富教学内容：在教学过程中，注重传统文化知识的丰富性和多样性，包括传统艺术、文学、哲学、习俗等方面，让学生全面感受民族文化的魅力。

（3）注重实践体验：通过组织实践活动，如传统节日庆祝、民间手工艺体验、传统音乐舞蹈表演等，让学生亲身参与和体验传统文化，增强他们对传统文化的认同感和归属感。

（4）跨学科交流：鼓励传统文化与其他学科的交叉融合，如将传统文化与现代科技、艺术、设计等领域相结合，激发学生的创新思维和跨界能力。

（5）强化师资培训：加强对教师的传统文化教育培训，提高他们的文化教育素养，确保传统文化教育的质量和效果。

（6）社会参与与支持：鼓励社会各界参与传统文化教育，通过家庭、学校、社区等多方合作，共同营造良好的传统文化教育氛围。

总之，传统文化教育在当今社会具有不可忽视的重要性。通过加强传统文化教育，可以帮助年轻一代更好地了解和传承民族文化，培养他们的创新思维和社会责任感，为社会发展注入新的活力。

（二）如何传承及保护传统文化

传承传统文化是每个国家和民族的重要责任。在全球化的背景下，保护和传承传统文化显得尤为重要。以下是一些关于传承和保护传统文化的建议。

（1）教育：将传统文化融入教育体系，让年轻一代从小接触和了解传统文化。通过学校课程、实践活动和社会实践等途径，培养年轻人对传统文化的认同感和自豪感。

（2）传统节日和习俗：鼓励和支持民间传统节日的庆祝活动，让年轻人了解和参与民族传统习俗，增强民族认同感和文化归属感。

（3）传统艺术和技艺：推广和传承传统艺术和技艺，如音乐、舞蹈、戏剧、书画、手工艺等。通过展览、演出、比赛等活动，让更多人了解和欣赏传统艺术的魅力。

（4）传统医学和养生智慧：弘扬和传承传统医学和养生智慧，如中医、阿育吠陀等，让更多人受益于传统医学的疗效和养生方法。

（5）传统文化研究：鼓励学术界对传统文化进行深入研究，挖掘传统文化的价值和智慧，为现代社会提供启示和借鉴。

（6）现代科技的应用：利用现代科技手段，如数字化技术、多媒体等，将传统文化以更直观、生动的形式展示给大众，提高传统文化的传播效果。

（7）国际交流与合作：通过国际交流与合作，让世界各国人民了解和尊重彼此的传统文化，促进文化多样性和相互理解。

（8）政策支持：政府应制定相关政策，为传统文化的传承和发展提供支持。如设立专项资金，扶持传统文化产业，保护和修复文化遗产等，从而为传统文化的传承创造有利条件。

（9）媒体宣传：利用各类媒体平台，如电视、网络、报刊等，宣传和推广传统文化，提高人们对传统文化的关注度和认知度。

（10）培训和教育机构：设立专门的培训和教育机构，如传统文化学院、研究所等，为传统文化的传承培养一批专业人才。

（11）文化遗产保护：对重要的文化遗产进行保护和修复工作，包括传统建筑、历史遗址、古籍等，确保这些宝贵的历史资源得到保存和传承。

（12）非物质文化遗产保护：加强对非物质文化遗产的保护和传承，如民间艺术、传统手工艺、民间信仰等，确保这些文化形式得以延续。

（13）传统技艺传承：支持和鼓励传统技艺的传承与发展，如陶瓷制作、剪纸、刺绣等，让传统技艺在现代社会焕发新的活力。

通过上述措施和方法，我们可以有效地传承和保护传统文化，让传统文化在现代社会得以发扬光大，为世界文化多样性作出贡献。总之，传统文化在当今世界仍然具有重要的意义。在全球化的大背景下，我们应该珍视和传承自己的传统文化，同时学会欣赏和尊重其他民族的文化，共同推动人类文明的繁荣与进步。

第二节　文创产品设计的概念和特点

一、文创产品设计的概念

文创产品设计指的是在文化和创意的基础上，以实现市场营销和商业价值为目的，融入创新和设计的一种产品形式。下面将详细论述一些与文创产品设计相关的概念。

（1）文化基础：文创产品设计是以文化为基础的创造性设计。这种设计需要深入了解文化的内涵和特点，以及它所代表的价值观和精神。在这种基础上，设计师需要进行深入的思考和研究，以创造出具有独特文化魅力的产品。

（2）创意：文创产品设计需要创意，创意是设计师在深入了解和探索文化的基础上激发出来的想象力和创造力。通过发挥创意，设计师可以将文化元素融入产品设计中，从而增强产品的艺术性和文化性。

（3）市场营销和商业价值：文创产品设计不仅仅是为了创造出具有艺术性和文化性的产品，更重要的是实现商业价值和市场营销。因此，设计师需要考虑产品的商业性和市场竞争力，以确保产品的销售和推广。

（4）创新和创造：文创产品设计需要不断地寻求新的思路和创新的方

案，从而创造出具有差异化和独特性的产品。通过不断的创新和创造，可以让文创产品在市场上更具竞争力。

（5）设计和开发：文创产品设计需要设计和开发的过程。在设计过程中，设计师需要充分考虑文化元素、商业价值和市场竞争力，以创造出具有艺术性和商业性的产品。在开发过程中，需要将设计理念转化为实际的产品，并不断地进行测试和改进，以确保产品的品质和效果。

综上所述，文创产品设计是一种融合了文化、创意、商业价值和市场营销的设计，需要设计师具备丰富的文化知识、创意能力、市场敏感性和设计技能。通过文创产品设计，可以创造出具有独特魅力和商业价值的产品，促进文化创新和经济发展。

二、文创产品设计的特点

文创产品设计是指在文创的基础上，以商业价值为导向，利用设计手段，创造具有独特文化特色的产品。文创产品设计具有以下几个特点。

（一）文化性强

在文创产业中，文化是文创产品设计的灵魂所在。

文化是一个国家和民族的精神和文化生命的载体，也是文创产业的重要组成部分。文化元素可分为传统文化、当代文化和流行文化等多种类型，这些元素是文创产品设计的重要素材。文创产品设计师需要对文化有深刻认识和了解，才能够将文化元素转化为产品设计的核心要素，从而创造出具有独特文化特色的产品。

在文化元素的运用上，文创产品设计师需要注意产品设计的风格和特点，保持文化元素的纯粹性和原始性。同时，还需要考虑到消费者的文化背景和认知水平，从而确定文化元素在产品设计中的应用方式和融入程度，以确保产品设计的文化性和市场适应性。

（二）创新性强

随着时代的发展和消费者需求的不断变化，文创产品设计需要不断地进行创新，以适应市场需求。这种创新不仅包括形式上的创新，还包括文化内涵和设计思路上的创新。

在形式创新方面，文创产品设计师需要不断寻求新的材料、技术和制造工艺，以创造出更具创意和艺术感的产品形态。同时，设计师也需要通过创新的方式，打破传统设计模式和风格，赋予产品更多的时代感和个性化。

在文化内涵和设计思路创新方面，文创产品设计师需要对文化进行深入研究和思考，创造出更具有文化内涵和独特魅力的产品。同时，设计师也需要不断探索新的设计思路和方法，挖掘出产品设计的多样性和个性化。

创新是文创产品设计中不可或缺的因素。创新可以帮助设计师更好地拓展市场空间，满足消费者的需求。在一个竞争激烈的市场环境中，只有通过不断的创新和更新，才能够保持产品的竞争力和市场地位。

（三）艺术性强

文创产品应具有艺术性，体现在美感、文化内涵和表现方式等方面。艺术性的提高可以大大提高产品的附加值，使其在市场上更具竞争力。

文创产品艺术性的体现主要包括两个方面。

首先，文创产品设计需要具有美感。美感是体现产品品质的重要标志。通过产品形态、色彩、纹理等方面的设计，可以创造出美观、高雅的产品形象，提高消费者的消费体验。

其次，艺术性还需要体现在文化内涵和表现方式上。文创产品设计应该具有深层次的文化内涵，能够表达出独特的文化精神和价值观。在设计时，设计师应该注重挖掘文化内涵，通过产品的设计和创意来展现文化精髓和独特魅力。

最后，文创产品还需要注重细节和工艺。文创产品设计师需要注重每一个细节的设计，从而创造出具有品质感和高级感的产品形态。同时，优质的工艺也是体现艺术性的重要方面，高品质的制造工艺可以使产品更具有价值。

（四）个性化强

文创产品设计需要考虑到目标市场的特点和需求，以确保产品具有针对性和差异性。

文创产品设计师应在充分了解市场趋势和目标受众的需求的基础上进行产品设计，以确保产品能够满足消费者的需求和偏好。同时，个性化的设计也能够吸引更多的目标消费者，提高产品的销售额和知名度。

个性化的设计还可以提高产品的差异性。在市场竞争激烈的情况下，差异化是提高产品竞争力的重要手段。文创产品设计需要具有独特的创意和设计元素，以在众多竞争对手中脱颖而出。通过独特的产品设计和差异化的产品特性，可以吸引更多的消费者关注和购买。

值得注意的是，个性化设计还可以提高产品的品牌价值。文创产品设计还应注重品牌建设，通过独特的设计元素和创意来塑造品牌形象，将品牌与其他竞争对手区分开来，并在消费者心中树立独特的品牌形象和价值观。

（五）故事性强

文创产品设计需要具有故事性。故事是产品设计的灵魂所在，可以帮助消费者更好地理解产品的文化内涵和价值，提高产品的营销效果。

文创产品通常具有丰富的历史和文化内涵，这些内涵可以通过故事的方式更好地传递给消费者。因此，文创产品设计师需要将故事融入产品设计中，以帮助消费者更好地理解和体验产品。

首先，故事可以帮助产品塑造独特的品牌形象，表达独特的文化内涵。文创产品设计师可以通过故事来描述产品的文化背景和价值观，从而帮助消费者更好地了解产品的独特之处和品牌形象。例如，一些具有历史意义的文创产品，通过讲述其背后的故事和历史背景，可以让消费者更好地理解产品的文化内涵和价值。

其次，故事可以增加产品的营销效果。消费者通常更愿意购买具有故事性的产品，因为故事可以使产品更加生动有趣，具有吸引力。将故事融入产品设计中，可以吸引更多的消费者关注和购买文创产品。

最后，通过讲述有趣的故事，可以增强消费者对产品的情感参与度，从而提高消费者的满意度和忠诚度。

（六）可塑性强

文创产品设计需要具有可塑性。在产品设计的过程中，需要考虑到产品的生命周期和市场变化，以及不同市场需求的变化，从而使产品更具可持续性和发展性。

可塑性强这个特点意味着文创产品设计需要具备一定的灵活性和适应性，以适应市场的变化和消费者需求的变化。文创产品设计的生命周期可能很长，因此设计师需要考虑到产品在未来的发展和变化，以确保产品能够长期存在于市场中。

在设计过程中，需要考虑到产品的可持续性和发展性，使其在市场上保持竞争力。这可以通过产品的模块化设计、可升级性、可定制性、可交互性等方面来实现。模块化设计可以使产品更易于维护和更新，从而增强其可持续性。可升级性和可定制性可以满足不同消费者的需求，使产品更具有针对性和个性化。可交互性可以提高产品的用户体验，使产品更具吸引力和竞争力。

此外，文创产品设计还需要考虑到市场的变化和消费者需求的变化。设计师需要时刻关注市场趋势和消费者反馈，不断改进产品，以满足不同的市场需求。这需要设计师具备创新思维和敏锐的市场洞察力，以及不断追求卓越的精神。

（七）互动性强

文创产品设计需要具有互动性。文创产品设计师需要考虑用户需求和使用体验，从而设计出具有互动性和参与性的产品，以增加产品的用户黏性和品牌忠诚度。

互动性可以通过多种方式实现，如增加游戏性、社交性、参与性等。通过互动游戏、交互式娱乐体验等方式可以增加用户在产品中的参与度；

结合社交媒体等互联网工具，可以增加产品在社交场景下的互动性和参与度。

互动性强的文创产品设计可以提高用户的参与感和忠诚度，同时也可以增加产品的市场份额和用户口碑。

（八）跨界性强

跨界是指将不同领域、不同产业、不同文化等进行融合，从而创造出新的价值和体验。文创产品设计中，跨界是非常重要的，因为文化本身就是多元的、交融的。设计师可以从不同的领域、文化和产业中汲取灵感和创意，将其融入产品设计中，从而创造出独特的文化产品。

文创产品的跨界可以是将不同文化元素融合在一起，也可以是将传统文化与现代元素相结合。比如，将传统的中国纹样和现代的工艺技术相结合，设计出既具有现代感又包含传统文化元素的艺术品；将中国的传统文化与西方的流行文化相结合，设计出具有时尚感和东方元素的服装。

跨界不仅能够创造出新的文化产品，还能够拓展产品的市场空间。通过跨界合作，可以将不同领域的客户群体联系在一起，从而拓展产品的受众范围，增加销售额。因此，设计师需要具备开放的思维和跨界合作的意识，从而更好地挖掘跨界的创新空间和市场价值。

（九）品质性强

高品质的产品能够提高品牌形象和竞争力，同时也能够保持用户忠诚度和口碑。在产品设计中需要考虑到材料选择、工艺等方面，确保产品的品质达到用户的期望和需求。

首先，材料的选择是影响产品品质的一个重要因素。不同的材料具有不同的性能和特点，需要根据产品的设计要求和定位选择合适的材料。例如，一些高端文创产品可以使用高品质的材料，如进口皮革、优质木材等，以提高产品的档次和品质。

其次，在产品制作过程中，需要注重每一个细节和环节，确保产品的制作工艺精细、完美。例如，陶瓷制品需要注意制作工艺和烧制过程，以确保产品质量的稳定性。

第三节　传统文化融入文创产品设计中的价值与意义

一、传承和弘扬传统文化

文创产品设计可以将传统文化元素融入产品设计中，从而传承和弘扬传统文化。这些文化元素可以是传统艺术、传统手工艺、传统节日文化等，将其通过文创产品的形式进行展示和传播，使更多人了解和认识传统文化，有助于保护和传承传统文化，让传统文化得以延续和发扬光大。

具体来说，文创产品设计可以通过多种形式来体现传统文化元素，如在产品造型、色彩、图案等方面，或者通过产品的名称、包装、宣传等方面来展示传统文化元素。这样的文创产品不仅具有美观和实用的特点，还能让消费者在使用和欣赏产品的过程中了解和体验传统文化的内涵。

在中国的传统文化中，有许多寓意吉祥和幸福的图案和符号，如龙凤、喜鹊、瑞兽等。这些元素可以被融入文创产品的设计中，如手工艺品、服饰、家居用品等，使消费者在欣赏这些产品的同时，也能够感受到传统文化的气息。

在现代社会，传统文化面临着被遗忘和消失的风险。通过文创产品设计，将传统文化元素与现代生活相结合，不仅可以促进文化多样性和文化创新，还可以激发民众对传统文化的兴趣和热爱，从而推动传统文化的传承和发展。

二、提升产品附加值和市场竞争力

正是由于传统文化元素的独特性和文化内涵，才使得文创产品设计中的传统文化元素往往能够为产品赋予更高的附加值。消费者在选择购买文创产品时，通常不仅仅考虑产品的实用价值，更会考虑产品所蕴含的文化意义和价值。如果文创产品设计能够成功地将传统文化元素融入产品中，就能够赋予产品独特的文化内涵和故事性，提高产品的附加值，同时也能够吸引更多的消费者。

此外，市场竞争对于文创产品设计来说也是一个不可避免的问题。在市场竞争激烈的环境中，传统文化元素的融入能够使产品具有独特的市场竞争优势。传统文化元素不仅能够为产品赋予独特的文化内涵和艺术魅力，还能够吸引那些热爱传统文化的消费者。这样一来，文创产品就能够在市场上找到自己的定位，赢得更多的市场份额和消费者认可。因此，传统文化元素的融入对于提升文创产品的附加值和市场竞争力至关重要。

三、增加用户体验和参与度

将传统文化元素融入文创产品设计中，不仅可以赋予产品故事性、情感性、历史性等特点，还能提高用户的体验和参与度。通过使用文创产品，消费者可以更深入地了解传统文化的内涵和价值，享受到更具有文化感染力和个性化的产品体验，从而增加他们对产品的喜爱和忠诚度。

在文创产品设计过程中，传统文化元素可以融入产品的各个方面，如外观设计、图案元素、包装材料、宣传资料等。这些元素可以与现代设计元素相结合，形成新颖独特的产品形态，既保留了传统文化的独特魅力，又符合现代人的审美需求。

同时，为了提高用户的参与度，文创产品设计可以采用互动性强的设计元素，如使用AR技术、VR技术等，让消费者能够更深入地了解产品的文化内涵。例如，通过AR技术，消费者可以在使用产品时，观看到与传统文化相关的虚拟景象，从而更深入地感受传统文化的魅力。

另外，还可以通过开展相关的线上、线下活动，提高用户的参与度。例如，可以开展主题展览、文化讲座、文化体验活动等，让用户能够更深入地了解传统文化，增强他们对文创产品的认同感和归属感。

总之，将传统文化元素融入文创产品设计中，可以增加产品的文化内涵，提高用户的体验和参与度，为文化产业的发展注入新的动力。

四、推动文创产业发展

随着社会的发展和进步，文创产业日益成为经济发展的重要支柱之一。传统文化元素是文创产业中不可或缺的重要资源，其独特的文化内涵和魅力可以为文创产品带来更多的灵感和创意。因此，推动文创产业发展，融入传统文化元素是非常必要的。

首先，传统文化元素的融入可以为文创产业带来更多的创意和灵感。传统文化是我们民族的瑰宝，它源远流长，内涵深厚，包含着丰富的历史、文化、艺术等方面的资源。将这些资源巧妙地融入文创产品中，可以为文创产业带来新的灵感和创意，丰富产品形态和内容，提高产品的价值和竞争力。

其次，推动文创产业的发展也可以促进文创产品市场的需求不断提高。随着人们生活水平的提高和文化素质的增强，人们对于文创产品的需求也越来越高。在这种情况下，文创产业需要更多的创新和发展，以满足市场需求。

五、传承文化遗产

传承文化遗产是增强国家文化自信、促进文化多样性和推进文化创新的重要任务之一。传统文化是中华民族的宝贵遗产，具有悠久的历史和独特的文化内涵，是中华文明的重要组成部分。

首先，文创产品设计融入传统文化元素，可以有效地传承和发扬传统文化。随着时代的变迁，传统文化逐渐被淡忘和遗忘，因此保护和传承传统文化已经成为当前社会的重要课题。而文创产品作为传播文化的一种形式，可以将传统文化元素融入其中，通过产品的设计和创新，传承和发扬传统文化，让更多的人了解和认识传统文化，促进文化的传承和发展。

其次，文创产品的设计融入传统文化元素，可以促进文化多样性发展。传统文化是中国文化的重要组成部分，其中蕴含着各种文化元素，如传统节日、习俗、民间艺术等。将这些文化元素融入文创产品设计中，可以增加产品的文化内涵，同时也可以丰富人们的文化生活，推动文化多样性发展。

最后，文创产品的设计融入传统文化元素，也可以促进文化的创新。传统文化虽然有其独特的文化魅力和历史积淀，但也需要不断地创新和发展。文创产品作为传播文化的一种形式，可以通过创新的设计，将传统文化元素与现代设计理念相结合，推陈出新，促进文化的创新。

总之，我们应该加强对传统文化的保护和传承，将传统文化元素融入文创产品设计中，让传统文化更好地走进人们的生活，让我们的文化更加繁荣、多彩、具有新意。

六、增强文化认同感

文创产品设计中融入传统文化元素，可以让人们更好地了解和认识自己的文化根源，从而增强对文化的认同感和自豪感。这有助于人们树立文化自信，推动传统文化的传承和发展。

文化认同感是人们对自己所处的文化背景的认知和接受程度，是一个人自我认同的重要组成部分。在现代社会中，由于全球化的影响，不同文化之间的交流和融合越来越频繁，文化认同感也成了一个重要的议题。

首先，文创产品设计中融入传统文化元素，可以让人们更好地了解和认识自己的文化根源。传统文化是中华民族的重要精神财富，包含了深厚的历史、文化和道德内涵，是中华文化的重要组成部分。将传统文化元素融入文创产品设计中，可以通过产品的形式和内容，让人们更好地了解和认识自己的文化根源，感受到自己所处的文化环境的深厚底蕴，增强对自己文化的认同感和自豪感。

其次，文创产品设计中融入传统文化元素，有助于人们树立文化自信。文化自信是指对本民族文化的认同和自信心，是一个国家和民族的文化自尊心和文化自强心。将传统文化元素融入文创产品设计中，可以展示出中华文化的魅力和内涵，让人们更加自豪和自信地表达自己所处的文化环境，从而树立文化自信，推动传统文化的传承和发展。

七、提升文化软实力

当今世界，文化软实力已经成为国家和民族在全球竞争中获胜的关键之一。在文创产品设计中有机地融入传统文化元素，不仅可以唤起人们对历史和传统文化的兴趣和热爱，也可以更好地传承和弘扬中华文化。这样做不仅可以增强国家和民族的文化软实力，也可以提升其在国际上的影响力和吸引力，从而推动中华文化走向世界，促进中华文明的传播和发展。

传统文化是中华民族的瑰宝，蕴含着丰富的历史、哲学、道德、艺术和科学知识。将这些传统文化元素融入文创产品设计中，不仅可以使人们更好地了解和感受中华文化的博大精深，也可以让人们更好地理解中华民族的传统文化精神和价值观念，从而增强人们的文化自信心和民族自豪感。

同时，融入传统文化元素的文创产品也具有更好的市场竞争力和吸引力。如今，越来越多的国家和民族都在竞相展示自己的文化软实力，而传统文化元素的独特魅力则成为吸引外界关注和认可的重要因素之一。这也为中国文化走向世界提供了良好的机遇和平台。

八、推动文化创新

传统文化融入文创产品设计的一个重要意义就是推动文化创新，促进传统文化的更新和发展。传统文化作为一种历史文化遗产，经过了数千年的历史积淀和沉淀，其中蕴含着丰富的价值和精髓。然而，在现代社会的背景下，人们的生活方式和文化需求都发生了很大的变化，传统文化也需要不断地与时俱进，与新的文化元素融合，以适应当今社会的需求。

在这种情况下，传统文化融入文创产品设计中成为一种非常好的方式。通过创新手段，将传统文化的价值和精髓与现代社会的需求相结合，可以使传统文化更富有生命力和现代感。例如，将传统文化元素与现代科技元素相结合，创造出一种全新的文化形态，可以使传统文化更好地被年轻人所接受。

在设计文创产品时，设计师可以对传统文化元素进行创新和改造，使其更适应现代人的审美需求。这样既能传承和弘扬传统文化，又能推动文化的创新和发展。例如，传统文化中的纹样、图案和色彩等元素可以被应用到现代设计中，使设计更加时尚、有趣和个性化；传统文化的哲学思想和价值观可以被应用到现代社会中，为人们提供指导和借鉴；传统文化中的戏曲、音乐、舞蹈等艺术形式也可以通过创新改编变得更有韵味。

第四节　文创产品设计的未来发展趋势

一、个性化与定制化

在消费者需求日益多样化的背景下，个性化与定制化将成为文创产品设计的重要发展趋势。设计师需充分了解消费者的个性化需求，为其提供定制化的设计方案，具体来说体现在以下几个方面。

（1）消费者个性化需求分析：随着生活水平的提高，消费者对产品的个性化需求越来越丰富。因此，设计师需要深入了解消费者的兴趣爱好、审美取向以及文化背景等因素，为其量身打造个性化的文创产品。

（2）市场细分与定位：在面临众多竞争对手的市场环境中，文创产品设计需要准确地定位目标市场、细分消费群体，以便为不同类型的消费者提供更具针对性的个性化和定制化服务。

（3）创新设计理念：设计师应不断地挖掘新的设计理念和元素，结合传统文化与现代审美趋势，为消费者带来独特的视觉和心理体验。同时，注重产品功能与美学的结合，使其既实用又具有艺术价值。

（4）定制化服务平台：企业可以建立专门的定制化服务平台，让消费者在线提交个性化需求和定制要求，设计师根据这些需求为其量身打造独一无二的文创产品。通过这种方式，消费者可以更直接地参与到产品设计的过程中，增强其对产品的认同感和满意度。

（5）技术支持：利用先进的生产技术，如3D打印、智能制造等，实现对个性化和定制化产品的快速、高效生产。这将降低生产成本，提高企业的竞争力，同时满足消费者对个性化产品的迅速需求。

（6）品牌打造与宣传：通过个性化与定制化的文创产品设计，塑造独具特色的品牌形象。利用各类媒体平台，如电视、网络、报刊等，宣传和推广品牌，提高消费者的认知度和忠诚度。

二、跨界融合发展

跨界融合是指文创产品设计与其他领域相结合，形成新的设计理念和创新产品。例如，文创产品与旅游、时尚等领域的结合，可以拓展文创产品的应用场景，为消费者带来更丰富的体验。

（1）文创与旅游的结合：将文创产品设计与旅游业相结合，可以有效地推动地方旅游发展，同时丰富游客的旅行体验。通过开发具有地域特色和文化底蕴的文创产品，如特色手工艺品、地方美食等，使游客在旅行过程中深入了解和体验当地的文化特色。

（2）文创与时尚的融合：将传统文化元素融入时尚产业，如服装、饰品、家居等领域，可以为消费者带来独特的审美体验。设计师可以通过对传统文化元素的创新演绎，将其与现代时尚元素相结合，创造出既具有传统韵味又时尚的文创产品。

（3）文创与生活方式的结合：将文创产品融入日常生活，让消费者在享受文化体验的同时，满足生活所需。例如，开发具有实用功能的文创家居用品、个人护理用品等，使传统文化在日常生活中得以延续和传承。

（4）文创与教育的融合：将文创产品设计应用于教育领域，如开发寓教于乐的文化教育玩具、图书等，有助于培养年轻一代对传统文化的兴趣和认同感，从而实现文化传承。

（5）跨界合作与资源共享：企业和设计师可以与不同领域的专业机构或人才展开合作，共享资源，实现跨界融合。例如，与高校、科研机构合作开发具有创新性的文创产品，或与艺术家、手工艺人共同打造充满艺术气息的作品。

三、数字化与虚拟化

随着数字化技术的迅速发展，越来越多的文创产品开始采用数字化和虚拟化的设计方式。如AR、VR、3D打印等技术在文创产品设计中的应用，将为消费者带来更加真实和沉浸式的体验。

（1）虚拟现实（VR）与增强现实（AR）：通过将VR和AR技术应用于文创产品设计，可以为消费者提供身临其境般的文化体验。例如，利用VR技术打造虚拟的博物馆或历史遗址，让消费者在家中就能够欣赏到各类文化遗产；或使用AR技术将传统文化元素与现实环境相结合，使消费者在现实生活中体验到传统文化的魅力。

（2）数字艺术与动画：数字艺术和动画技术的发展为文创产品设计带来了无限的创意空间。设计师可以通过创作数字艺术作品、动画短片等形式，将传统文化以全新的视觉语言呈现给观众，吸引更多年轻人对传统文化的关注。

（3）3D打印技术：3D打印技术的应用可以实现对复杂结构和精细图案的精确打印，为文创产品设计带来更高的自由度。通过3D打印技术制作出独特的艺术品、工艺品等文创产品，既满足了消费者对个性化的需求，也提高了产品的艺术价值。

（4）互动体验与社交媒体：数字化与虚拟化技术的运用还可以为消费者提供更多互动体验的机会。例如，通过社交媒体平台、手机应用等渠道，让消费者参与到文创产品的设计、制作和推广过程中，增强其对产品的认同感和参与度。

（5）大数据与人工智能：大数据和人工智能技术的应用，可以帮助设计师更准确地把握市场趋势、消费者需求，从而进行更有针对性的产品设计。同时，利用人工智能算法进行创意生成，也能为设计师提供更多的灵感来源。

（6）数字出版与多媒体：数字出版和多媒体技术的发展为文创产品设计提供了新的传播方式。如电子书、有声读物、视频教程等形式，可以让更多人以便捷的方式接触到传统文化，推动其传播和传承。

四、可持续发展与环保理念

在全球环境问题日益严重的背景下，可持续发展和环保理念将成为文创产品设计的重要指导方针。设计师需要关注产品的生命周期，采用环保材料和生产工艺，减少对环境的影响。

（1）环保材料的应用：在文创产品设计中，使用可降解、可循环利用的环保材料，如竹子、木头、纸张等，可以减少对环境的污染和资源消耗。同时，尽量避免使用有毒、不可降解的材料，以保护地球资源和生态环境。

（2）节能与减排：采用低能耗、低排放的生产工艺和技术，降低文创产品生产过程中的能源消耗和碳排放。此外，设计师可以通过研发节能型产品，如太阳能驱动的装置、低功耗的电子产品等，进一步支持可持续发展。

（3）产品的生命周期管理：关注产品的整个生命周期，从设计、生产、使用到废弃处理，全面考虑其对环境的影响。设计师需努力提高产品的耐用性、可修复性和可回收性，以降低产品对环境的负担。

（4）绿色包装：采用简约、环保的包装设计，减少不必要的材料使用和浪费。例如，使用可循环利用的纸质包装、生物降解材料等，同时避免过度包装，降低对环境的影响。

（5）环保意识教育：通过文创产品传播环保理念和知识，提高消费者的环保意识。设计师可以将环保元素融入产品设计，如以保护地球、珍惜资源为主题的图书、文具等，帮助消费者树立正确的环保观念。

（6）企业社会责任：鼓励企业积极承担社会责任，参与环保事业。例如，支持绿色公益活动、提倡节能减排、推广环保理念等，努力为建设绿色、可持续发展的社会作出贡献。

五、地域特色与文化传承

文创产品设计应充分挖掘地域特色和传统文化元素，将其融入现代设计中，实现传统与现代的有机结合，具体体现在以下几个方面。

（1）挖掘地域文化特色：设计师需深入研究各地的历史、民俗、艺术等方面的文化特色，将其融入文创产品设计中。例如，利用地方特色的建筑、风景、传统节日等元素，为产品设计注入独特的文化内涵。

（2）传统艺术元素的运用：将传统艺术元素如民间绘画、剪纸、刺绣等与现代设计手法相结合，创作出富有创意和文化底蕴的文创产品。这种设计方式不仅能保留传统艺术的独特魅力，还能为其注入新的活力。

（3）本土品牌与故事：发掘具有地域特色的品牌和故事，为文创产品赋予更丰富的文化内涵。这些故事和品牌具有较强的地域性和民族性，更容易深入人心，增强产品的吸引力。

（4）非物质文化遗产的传承：将非物质文化遗产元素融入文创产品设计，如传统工艺、戏曲、音乐等。这样既能为非物质文化遗产的传承和发扬提供新的途径，也能让消费者更好地了解和欣赏本土文化。

（5）跨界合作与推广：通过与其他产业、领域的合作，将地域文化特色引入更广泛的应用场景，如旅游、餐饮、时尚等。这有助于传播本土文化，提升其影响力和知名度。

（6）文化交流与对话：在文创产品设计中，加强与其他地区、国家文化的交流和对话，借鉴和融合各方优秀文化元素。这有助于丰富产品的文化内涵，促进世界多元文化的交流与共融。

综上所述，文创产品设计的未来发展趋势将聚焦个性化与定制化、跨界融合、数字化与虚拟化、可持续发展与环保理念以及地域特色与文化传承等方面。这些趋势将推动文创产品设计行业不断创新，以满足消费者日益多样化的需求。为了应对未来的挑战和抓住发展机遇，设计师和企业需紧密关注这些趋势，积极开展研究与实践，提升自身的设计能力和市场竞争力。同时，政府和社会各界也应给予足够的支持和关注，共同推动文创产品设计行业的繁荣发展，为世界文化多样性作出贡献。

第二章　文创产品设计的理论框架

第二章　文创产品设计的理论框架

　　文创产品设计的目的是通过设计师的设计能力和创新思维，推动文创产业的发展和文创产品的创新和市场销售。在文创产品设计中，创意设计是文创产品的核心，创意设计理论框架包括形式美法则、创新思维、流程与评价、文化体现等方面，旨在提高设计师的设计能力，推动文创产业的创新和发展。本章将对这些内容展开论述。

第一节　文创产品设计的形式美法则

一、比例与尺度

比例与尺度是文创产品设计中形式美法则的一个重要方面，它涉及设计元素的大小关系和空间关系。恰当的比例与尺度能让设计更具美感和和谐感。以下是关于比例与尺度的一些基本原则。

（一）黄金分割比例

黄金分割比例（约为1：1.618）是自然界和艺术领域中普遍存在的一种比例关系。这个比例在自然界中广泛存在，如螺旋状的贝壳、向日葵的花瓣排列等。在艺术、建筑和设计领域中，黄金分割比例也得到了广泛的应用，因为它被认为具有极高的美学价值。

在文创产品设计中，运用黄金分割比例可以让设计更具美感和和谐感。设计师可以尝试将设计元素按照黄金分割比例进行排列和组合。以下是一些运用黄金分割比例的文创产品设计实例。

（1）文创包装设计：在包装设计中，设计师可以根据黄金比例来安排包装的主要元素，如图案、文字和颜色。例如，将产品名称或logo放在包装正面的黄金分割点上，可以增强产品的视觉冲击力（图2-1）。

（2）书籍封面设计：在书籍封面设计中，设计师可以运用黄金比例来安排封面的文字和图片。例如，将书名或作者名放在封面的黄金分割线上，可以使封面设计更具吸引力和美感（图2-2）。

图2-1　蓝色大气茶叶包装礼盒设计

图2-2　中国风画册封面

（3）插画设计：在插画设计中，设计师可以运用黄金比例来安排插画中的主要角色、场景和元素。例如，在一幅插画中，将重要的角色或物品放置在画面的黄金分割线上，可以让观众更容易关注到这些重点元素（图2-3）。

图2-3　母亲节感恩母亲宣传海报

（二）人体尺度

人体尺度：在设计文创产品时，需要考虑到人体尺度，确保产品的尺寸、形状和功能能够适应人体的使用。符合人体尺度的产品不仅美观，还能提高使用者的舒适度和满意度。

人体尺度是指根据人体的各种尺寸和比例来设计产品，使其符合人类的生理结构和使用习惯。在文创产品设计中，考虑人体尺度至关重要，因为这将直接影响到产品的实用性、舒适性和美观性。以下是关于人体尺度在文创产品设计中的一些建议。

（1）设计适应性：在设计过程中，充分考虑人体的生理结构和动作范围，以确保产品能够适应不同使用者的需求。例如，设计一款文创书包时，可以考虑到背部的弧度和肩带的长度，以适应不同年龄和体形的人群。

（2）人体工程学：运用人体工程学原理，将人的生理、心理和行为特征融入产品设计中，提高产品的舒适性和使用效率。例如，设计一款文创剪刀时，可以根据手部握力和手指运动的特点，使手柄和刀片之间的角度和距离达到最佳状态。

（3）一致性与差异性：在产品设计中，既要保持一致性，使其适应大多数人的使用，又要考虑到差异性，满足特定群体的需求。例如，设计一款文创笔筒时，可以考虑到大多数人的握笔方式，同时也可以为左撇子提供特殊设计。

（4）安全性：在设计文创产品时，要充分考虑安全因素，避免可能对使用者造成伤害的设计。例如，设计一款文创玩具时，需要确保产品无锐利边角，材质无毒无害，以保障儿童的安全。

（5）亲和力：通过人体尺度的设计，使产品具有亲和力，让使用者感受到产品与自身的和谐融合。例如，设计一款文创沙发时，可以根据人体坐姿和腰背曲线，使沙发的形状和软硬程度更符合人体舒适度（图2-4）。

图2-4　文创沙发设计

（三）尺度关系

尺度关系是指设计元素之间的大小、位置和角度等方面的相互关系，它对于整体设计的和谐与平衡至关重要。在文创产品设计中，合适的尺度关系可以增强设计的层次感和立体感，提高视觉效果和审美价值。在设计过程中，应该注意元素之间的尺度关系。设计师可以通过调整元素的大小、位置和角度来实现恰当的尺度关系。合适的尺度关系可以增强设计的层次感和立体感。以下是关于尺度关系在文创产品设计中的一些建议。

（1）层次感：通过调整元素之间的大小和位置关系，创造出丰富的层次感。层次感可以使设计更加有趣，增强视觉深度。例如，在设计一幅插画作品时，可以利用前景、中景和背景的关系，使画面呈现出丰富的层次感。

（2）空间关系：在设计中，关注元素之间的空间关系，适当留白，使设计更具有空间感。空间感有助于提升设计的通透性和美感。例如，在设计一款室内装饰品时，可以注意到产品之间的空间关系，避免过于拥挤，使整体空间更加和谐。

（3）色彩搭配：在设计中，注意元素之间的色彩搭配关系。合适的色彩搭配可以增强设计的视觉冲击力和吸引力。例如，在设计一套服装时，可以根据色彩搭配原则，选择互补或相近的颜色，使整体设计更加和谐。

通过以上方法，设计师可以实现恰当的尺度关系，使文创产品设计更具美感、和谐感和立体感。这有助于提升设计的视觉效果和审美价值，从而使产品更具吸引力。

二、对称与均衡

对称与均衡是设计中的一种重要审美原则，它有助于营造和谐、稳定的视觉效果。在文创产品设计过程中，设计师可以运用对称与均衡的原则，使设计更具美感和吸引力。

（一）对称

对称是指两侧元素相互对应的布局方式。在设计中，对称布局可以传达出一种和谐、稳定的视觉感受。设计师可以尝试在文创产品设计中运用对称原则，如将图案元素沿中轴线对称排列，使设计具有平衡感。对称又可以分为以下几种。

（1）水平对称：水平对称是指将设计元素沿着水平轴线对称排列。这种对称方式常用于书籍封面、海报、包装等文创产品设计中，可以使设计具有稳定感和平衡感。

（2）垂直对称：垂直对称是指将设计元素沿着垂直轴线对称排列。这种对称方式在建筑、服装等领域广泛应用，可以强调文创产品设计的整体性和稳定性。

（3）中心对称：中心对称是指将设计元素以中心点为轴心进行对称排列。这种对称方式在徽标、花纹等文创产品设计中常见，能够营造出丰富的视觉效果和艺术感。

（4）轴对称：轴对称是指将设计元素沿着任意角度的轴线进行对称排列。这种对称方式可以为设计增加动态感和活力，常用于招贴画、插画等文创产品设计中。

在运用对称原则时，设计师需要注意以下几点。

（1）适度使用：过度对称可能导致设计过于单调和刻板。设计师应根据具体情况，灵活运用对称原则，以保持设计的新颖感和多样性。

（2）结合其他设计原则：对称原则应与其他设计原则相结合，如色彩、比例等，共同塑造出和谐、美观的作品。

（3）注重创新：在运用对称原则时，设计师应尝试创新，将传统对称元素与现代设计手法相结合，打造出具有个性和时代特色的作品。

（二）近似对称

近似对称是指两侧元素虽然不完全相同，但形式上具有一定的相似性。近似对称的设计具有一定的变化性，可以使设计更具活力。设计师可以尝试在文创产品设计中运用近似对称原则。

（1）形状近似对称：形状近似对称是指两侧元素的形状具有一定的相似性。设计师可以尝试使用类似的形状进行排列和组合，以营造出对称感和平衡感。

（2）色彩近似对称：色彩近似对称是指两侧元素的色彩具有相似性。设计师可以通过运用相近的色彩搭配，使设计在视觉上呈现出一种和谐的对称感。

（3）纹理近似对称：纹理近似对称是指两侧元素的纹理具有相似性。设计师可以通过运用相似的纹理效果，使设计具有一定的对称感和韵律感。

（4）排列近似对称：排列近似对称是指两侧元素的排列方式具有相似性。设计师可以尝试将元素以相似的排列方式进行组合，以增强设计的对称感和动态感。

在运用近似对称原则时，设计师除了要结合其他原则外，还需要注意以下两点。

（1）保持平衡：在创作近似对称的设计时，应注意保持整体的视觉平衡，避免设计过于复杂或混乱。

（2）注重细节：近似对称设计中的元素相似性往往体现在细节上。设计师应在创作过程中关注细节的处理，使设计更具美感和吸引力。

（三）均衡

均衡是指设计元素在视觉上呈现出平衡状态。设计师可以通过调整元素的大小、位置和角度，使设计在视觉上具有均衡感。设计师可以尝试在文创产品设计中运用均衡原则。例如，将重要元素与次要元素进行合理分布，使整体设计具有稳定感。以下是均衡设计的一些具体应用方法。

（1）形状均衡：形状均衡是指设计元素的形状在视觉上具有平衡感。设计师可以尝试将不同形状的元素进行合理分布，使整体设计在视觉上保持稳定。

（2）色彩均衡：色彩均衡是指设计元素的色彩在视觉上具有平衡感。设计师可以通过运用相近或对比的色彩搭配，使整体设计在视觉上呈现出和谐的均衡感。

（3）空间均衡：空间均衡是指设计元素在空间布局上具有平衡感。设计师可以通过调整元素的位置和间距，使整体设计在空间上呈现出稳定感和流畅感。

（4）权重均衡：权重均衡是指设计元素在视觉上的重要程度和关注度达到平衡。设计师可以通过合理分布重要元素与次要元素，使整体设计在视觉上保持和谐感和稳定感。

在运用均衡原则时，设计师除了结合其他设计原则，还需要注意适度调整，因为过分追求均衡可能导致设计过于平淡和单调。设计师应根据具体情况，适度调整均衡程度，以保持设计的新颖感和多样性。

（四）动态均衡

动态均衡是指设计元素在动态变化中保持视觉上的平衡感。在文创产品设计中，设计师可以尝试运用动态均衡原则。

（1）线条动态均衡：通过不同角度和方向的线条组合，使设计具有动态感同时又保持平衡感。设计师可以尝试运用曲线、折线等不同类型的线条，创造出富有动感的视觉效果。

（2）形状动态均衡：形状动态均衡是指设计元素的形状在视觉上具有动态变化和平衡感。设计师可以通过改变形状的大小、位置和角度，使整体设计在视觉上呈现出动态的均衡效果。

（3）色彩动态均衡：色彩动态均衡是指设计元素的色彩在视觉上具有动态变化和平衡感。设计师可以通过运用渐变色、色彩对比等手法，使整体设计在色彩上呈现出动态的均衡效果。

（4）空间动态均衡：空间动态均衡是指设计元素在空间布局上具有动态变化和平衡感。设计师可以通过调整元素的位置和间距，使整体设计在空间上呈现出动态的均衡效果。

在运用动态均衡原则时，设计师除了要结合其他设计原则，还需要注意控制动态程度，避免过分追求动态效果导致设计过于复杂或混乱。设计师应根据具体情况，适度调整动态程度，以保持设计的美感。

三、对比与调和

在文创产品设计中，通过恰当的对比与调和，设计师可以创造出具有美感和吸引力的作品。

（一）对比

对比是指在设计中通过强调元素之间的差异，使作品更具视觉冲击力和吸引力。在文创产品设计中，设计师可以运用以下几种对比方法。

1. 色彩对比

通过使用明暗、冷暖、饱和度等方面的不同色彩，凸显设计元素之间的差异，使作品更具视觉冲击力。

（1）明暗对比：设计师可以在同一作品中使用明亮的颜色与深沉的颜色相互搭配，以强调设计元素之间的差异。例如，在设计一款文创插画时，使用鲜艳的黄色和深蓝色对比，可以突出插画中的关键元素，使画面更具张力。

（2）冷暖对比：设计师可以在作品中运用冷暖色彩的对比，以营造出丰富的视觉效果。例如，在设计一款文创服饰时，将冷色调的蓝色与暖色调的橙色相互搭配，可以使服饰更具活力和时尚感。

（3）饱和度对比：通过调整颜色的饱和度，设计师可以在作品中创造出色彩的对比效果。例如，在设计一款文创包包时，使用高饱和度的红色与低饱和度的灰色相互搭配，可以凸显包包的个性和设计感。

（4）补充色对比：设计师可以在作品中运用彩色轮上相对的补充色进行对比，以增强视觉冲击力。例如，在设计一款文创海报时，使用对比鲜明的绿色和红色，可以使海报更具吸引力和表现力。

总之，色彩对比在文创产品设计中具有重要意义。设计师应灵活运用各种色彩对比方法，使作品具有丰富的视觉效果和美感。

2. 形状对比

在文创产品设计中运用形状对比可以提高作品的视觉吸引力和表现力，通过运用不同形状的设计元素，如圆形与方形、曲线与直线等，强调元素之间的差异，增强设计的层次感和立体感。以下是一些运用形状对比的方法。

（1）圆形与方形对比：设计师可以在作品中运用圆形和方形元素的对比，创造出丰富的视觉效果。例如，在设计一款文创墙饰时，将圆形的钟表与方形的画框相互搭配，可以使墙饰更具特色和创意。

（2）曲线与直线对比：在设计中运用曲线和直线的对比，可以强调元素之间的差异，增强设计的层次感。例如，在设计一款文创手链时，使用流畅的曲线与简洁的直线元素相互搭配，可以使手链更具优雅感和时尚感。

（3）有规律与无规律形状对比：设计师可以在作品中运用有规律和无规律形状的对比，以增强设计的趣味性。例如，在设计一款文创拼图游戏时，将有规律的几何形状与无规律的手绘图案相互搭配，可以使拼图游戏更具挑战性和创意。

（4）实心与空心形状对比：通过运用实心和空心形状的对比，设计师可以在作品中创造出丰富的视觉效果。例如，在设计一款文创灯具时，将实心的金属底座与空心的玻璃罩相互搭配，可以使灯具更具现代感和艺术感。

3. 大小对比

通过调整设计元素的大小，强调重要元素与次要元素之间的关系，可以使作品更具视觉张力。

（1）字体大小对比：在设计一款文创海报时，通过调整标题和正文的字体大小，可以强调标题的重要性，使观众的注意力更容易聚焦在关键信息上。例如，将大号字体用于标题，而将较小的字体用于正文，可以使海报更具层次感和视觉张力。

（2）图案大小对比：在设计一款文创服装时，通过运用不同大小的图案元素，可以强调重要图案与次要图案之间的关系。例如，将一个大型花朵图案与周围较小的花朵图案相互搭配，可以使服装设计更具视觉冲击力和创意。

（3）产品大小对比：在设计一组文创家居用品时，通过调整各个产品的大小，可以使整体设计更具趣味性和和谐感。例如，设计一款大号的茶壶与一系列较小的茶杯搭配，可以使茶具套装更具美感和实用性。

（4）构图大小对比：在设计一款文创插画作品时，通过运用大小不同的元素进行构图，可以使作品更具动态感和层次感。例如，将一个大型的动物形象与周围较小的动物形象相互搭配，可以使插画作品更具视觉张力和故事性。

4. 风格对比

运用不同风格的设计元素，如古典与现代、抽象与具象等不同风格，强调元素之间的差异，可以使作品更具个性和特色。风格对比在文创产品设计中可以传达出独特的审美观念和创意，以下是一些运用风格对比的方法。

（1）古典与现代风格对比：在设计一款文创插画时，通过将古典元素与现代元素相结合，可以使作品更具个性和特色。例如，在插画中加入古典建筑与现代建筑的元素，展示出一幅历史与现代共存的画面，使作品更具视觉冲击力。

（2）抽象与具象风格对比：在设计一件文创陶瓷作品时，将抽象图案与具象图案相结合，可以使作品更具创意和美感。例如，在陶瓷上绘制抽象的线条与具象的花卉图案，展现出一种独特的艺术风格，使陶瓷作品更具吸引力。

（3）极简与繁复风格对比：在设计一款文创包装盒时，运用极简和繁复的设计元素相互搭配，可以使包装盒更具层次感和趣味性。例如，将简洁的线条图案与复杂的花纹图案相结合，使包装盒在视觉上呈现出丰富的对比效果。

（4）东方与西方风格对比：在设计一款文创服装时，通过将东方元素与西方元素相结合，可以使作品更具跨文化的魅力。例如，在服装上加入中国传统服饰元素与欧美时尚元素，展示出一种独特的东西方融合的风格，使服装更具个性和特色。

（二）调和

调和是指在设计中通过协调元素之间的关系，使作品具有和谐感和统一性。在文创产品设计中，设计师可以运用以下几种调和方法。

1.色彩调和

色彩调和在文创产品设计中具有重要作用，运用相近或补充色彩进行搭配，可以使作品在视觉上呈现出和谐统一的效果。

（1）相近色调和：相近色指的是在色彩环上相邻的颜色，如红色、橙色和黄色。在文创产品设计中，设计师可以将相近色进行搭配，以营造温馨、舒适的视觉感受。例如，在设计一款文创明信片时，可以运用淡红色、浅橙色和明黄色的组合，使作品具有温暖、和谐的氛围。

（2）补充色调和：补充色是指在色彩环上相对的颜色，如红色与绿色、蓝色与橙色等。在文创产品设计中，设计师可以将补充色进行搭配，以产生强烈的对比和活力。例如，在设计一款文创手提袋时，可以运用蓝色与橙色的组合，使作品在视觉上呈现出生动、充满活力的效果。

（3）三原色调和：三原色指的是红色、蓝色和黄色。在文创产品设计中，设计师可以将三原色进行搭配，以营造明亮、活泼的视觉感受。例如，在设计一款文创海报时，可以运用红色、蓝色和黄色的组合，使作品具有鲜艳、引人注目的效果。

（4）色彩渐变调和：通过将不同的颜色进行渐变搭配，可以使作品在视觉上呈现出平滑、自然的过渡效果。例如，在设计一款文创手机壳时，可以运用由蓝色到紫色的渐变色彩，使作品具有柔和、梦幻的氛围。

2.形状调和

运用相似或互补的形状，可以使设计元素在形状上保持和谐统一。设计师可以尝试运用几何学原理来指导形状搭配。

（1）相似形状调和：在设计中使用相似形状可以产生统一和谐的视觉效果。例如，设计师可以在一款文创明信片上使用多个圆形元素，如圆形图案、圆形装饰等，从而营造出一种平和、和谐的氛围。

（2）互补形状调和：互补形状是指在设计中使用对立的形状来强调元素之间的差异，从而达到视觉平衡。例如，在设计一款文创手提袋时，设计师可以将圆形与方形元素进行搭配，既增加设计的趣味性，又实现形状上的和谐统一。

（3）几何形状调和：运用几何学原理，设计师可以将不同的几何形状进行搭配，创造出有趣且和谐的视觉效果。例如，在设计一款文创海报时，可以使用三角形、四边形和五边形等多种几何形状进行组合，使作品具有独特的艺术感和统一的视觉效果。

（4）曲线与直线调和：通过将曲线和直线元素进行搭配，设计师可以创造出富有动感且和谐的视觉效果。例如，在设计一款文创纪念品时，可以运用流畅的曲线与规整的直线元素进行搭配，既展现出优雅的气质，又实现形状上的和谐。

3.纹理调和

运用相似或互补的纹理，可以使设计元素在纹理上保持和谐统一。以下是一些运用纹理调和的方法。

（1）相似纹理调和：在设计中使用相似纹理可以产生一种统一和谐的视觉效果。例如，设计师可以在一款文创笔记本的封面上使用类似木纹的纹理，为整个设计增添自然、温馨的氛围。

（2）互补纹理调和：互补纹理是指在设计中使用对立的纹理来强调元素之间的差异，从而达到视觉平衡。例如，在设计一款文创服装时，设计师可以将光滑的丝绸面料与粗糙的麻布面料进行搭配，既增加设计的独特性，又实现纹理上的和谐统一。

（3）纹理渐变调和：通过运用纹理渐变，设计师可以创造出富有层次感且和谐的视觉效果。例如，在设计一款文创墙纸时，可以使用从细密到粗糙的纹理渐变，使作品具有独特的艺术感和统一的视觉效果。

（4）纹理对比与调和：在设计中，设计师可以巧妙地运用纹理对比与调和，使作品既具有视觉张力，又保持和谐统一。例如，在设计一款文创家居饰品时，可以运用光滑的陶瓷表面与粗糙的石材纹理进行对比与调和，创造出一种独特的美感和视觉吸引力。

四、节奏与韵律

节奏与韵律是文创产品设计中形式美的重要法则，有助于创造出有序、动态且富有生命力的设计。

（一）节奏

节奏是指设计元素的排列和变化规律。设计师可以通过控制元素的重复、变化和过渡来营造出不同的节奏感。以下是一些运用节奏的方法。

（1）重复节奏：在设计中，设计师可以通过重复相同或相似的元素，如图案、形状或颜色，来创造一种有序且稳定的节奏感。例如，在设计一款文创包装纸时，可以通过相同图案的重复排列，让设计具有较强的连贯性和统一性。

（2）变化节奏：通过在设计中引入元素的变化，设计师可以创造出一种动态且富有变化的节奏感。例如，在设计一款文创海报时，可以使用不同大小、颜色或形状的字体，营造出丰富多样的视觉节奏。

（3）过渡节奏：过渡节奏是指在设计中，元素逐渐从一种状态过渡到另一种状态，形成一种平滑且富有层次感的节奏。例如，在设计一款文创壁画时，可以运用颜色或纹理的渐变，创造出自然流畅的视觉节奏。

（二）韵律

韵律是指设计中元素有节奏的排列和组合。设计师可以通过控制元素的排列、对比和调和来营造出富有韵律感的设计。

（1）线性韵律：在设计中，设计师可以通过线条的有序排列和组合，创造出一种优美的线性韵律。例如，在设计一款文创手链时，可以使用精美的线条图案，让设计富有动态感和韵律美。

（2）色彩韵律：通过运用色彩的对比和调和，设计师可以创造出富有韵律美的设计。例如，在设计一款文创布艺沙发时，可以使用相互补充的色彩搭配，形成鲜明的色彩韵律。

（3）层次韵律：在设计中，设计师可以通过运用不同层次的元素，如大小、形状或明暗等，形成空间上的韵律感。例如，在设计一款文创画册时，可以通过调整图片和文字的层次关系，创造出丰富的空间韵律。

（4）动态韵律：在设计中，设计师可以通过运用动态的元素排列和组合，创造出生动且富有活力的空间韵律感。例如，在设计一款文创跑步服时，可以采用流线型的图案和颜色搭配，让设计具有动感和韵律美。

五、统觉与错觉

在文创产品设计中，统觉与错觉作为形式美法则之一，可以有效地增强作品的视觉吸引力和趣味性。

（一）统觉原则

统觉是指人们通过感知和认知对视觉元素进行整合和组织，具体方法如下。

（1）闭合性：人们倾向于将不完全闭合的图形视为完整的形状。设计师可以利用这一原则，设计出富有趣味性的图案，引起人们的好奇心和兴趣。

（2）连续性：人们倾向于沿着平滑的、连续的线条或曲线进行视觉感知。设计师可以利用连续性原则，设计出流畅、自然的图案和线条，使作品更具美感。

（3）相似性：人们倾向于将相似的元素视为一个整体。设计师可以利用相似性原则，将相似的元素进行有序排列，使作品更具组织性和统一性。

（二）错觉原则

错觉则是指人们对视觉元素产生的一种非真实的、与实际情况不符的感知。

（1）大小错觉：人们对同样大小的物体，可能因为背景或周围物体的影响，产生不同大小的感知。设计师可以运用大小错觉，创造出具有视觉张力和趣味性的设计。例如，设计师可以创建一个不完全闭合的动物形状，如一只猫的轮廓，其中部分线条没有闭合。这种文创产品设计让观者自然地将不完全闭合的线条连接起来，从而在心中形成一只完整的猫。这种文创产品设计方法不仅具有趣味性，还能激发观者的想象力和好奇心。同样，这种方法可以应用于其他形状，如字母、数字、建筑物等，为文创产品设计增添更多创意和趣味。

（2）色彩错觉：人们对同样颜色的物体，可能因为背景或周围颜色的影响，产生不同颜色的感知。设计师可以运用色彩错觉，创造出丰富多彩的视觉效果。例如，设计师可以设计一款文创产品，如一张插画，其中包含一个中心图案，如一个圆形。该圆形的颜色为橙色，周围环绕着不同颜色的背景，如蓝色、绿色和红色。虽然圆形的颜色在整幅插画中保持不变，但由于周围背景颜色的不同，观者可能感受到圆形在不同区域呈现出不同的橙色调。这种设计方法可以产生丰富多彩的视觉效果，使文创产品更具吸引力。同时，这种设计也可以引发观者对色彩感知的好奇与探讨，增加设计的趣味性。

（3）空间错觉：人们对空间的感知，可能因为线条、角度等因素的影响，产生错误的空间认知。设计师可以运用空间错觉，创造出具有立体感和深度的作品。例如，设计师可以设计一款具有空间错觉的文创产品，如一款立体拼图。拼图上的图案由许多不同角度的线条和形状组成，形成一个看似具有立体结构的图形。实际上，这些线条和形状可能并不真实地表示三维空间中的物体，但它们在视觉上产生了立体感和深度的错觉。这种空间错觉的设计使得拼图具有更高的趣味性和挑战性，观者需要通过拼接和观察来解析图案的真实结构。同时，这种设计方法也能够吸引观者对空间感知和视觉错觉的探讨，提高文创产品的独特性和吸引力。

通过运用统觉与错觉原则，设计师可以创造出独具特色、富有趣味性和视觉吸引力的文创产品设计。这些设计法则有助于提高作品的美感和观赏价值，从而提升整体的设计品质。

六、视觉层次

视觉层次是指设计中元素的前后关系和空间关系。在文创产品设计中，合理的视觉层次可以使设计更具立体感、深度和吸引力。以下在文创产品设计中使用视觉层次的一些方法。

（1）透视和远近关系：通过运用透视和远近关系，可以使设计更具空间感和深度。透视和远近关系可以让设计在二维平面上呈现出三维效果。例如，在设计一幅画作时，可以通过透视原理，使画面中的元素呈现出远近关系，从而增强整体的立体感和深度。

（2）对焦与虚化：在设计中，运用对焦与虚化手法可以有效地引导观众的注意力，使重要元素更加突出。例如，在设计一款摄影作品时，可以将背景虚化而使主体元素保持清晰，从而突出主体，增加层次感。

（3）图形与线条：利用不同形状的图形和线条也可以营造出丰富的视觉层次。通过对元素的形状和线条进行变化，可以创造出各种视觉效果，使设计更具动态感和张力。例如，在设计一款平面设计作品时，可以运用曲线、直线和折线等不同类型的线条，以增强视觉层次感。

第二节　文创产品设计的创新思维

一、创意思维的基本模式

（一）发散性思维

发散思维也叫扩散思维或求异思维，是把问题从"点"拓展到"面"的思维，是围绕一个问题从不同方向、角度，全方位扩散的思维方式，是寻找多种解决方法的思维。其思维特征是限定条件，而不限定结果，它的核心是对信息尽可能产生多个扩散点，即创意点。其创意点交叉越多，创意点越具有开放性和开拓性，实现文创产品设计目标的可能性就越高。寻求不同思路是文创产品设计的基本思维，通常运用类比联想的手段，根据事物在某些特征上的相似，从而推理出其他特征的关系。寻求不同思路作为推动文创产品设计向深度和广度发展的动力，在文创产品设计中起到了非常重要的作用。

在文创产品设计中运用发散性思维，可以从以下几个方面进行。

1. 拓展思维边界

在文创产品设计过程中，尝试跳出传统的思维框架，不拘泥于既有的规则和方法，这种做法可以帮助设计师拓展思维的边界，创造出更具创新性和吸引力的作品。从不同的文化、领域和行业中汲取灵感，可以让设计师更好地了解不同的审美观念和需求，从而使文创产品更具多样性和国际化。

为了实现这一目标，设计师可以采取以下方法。

（1）开阔视野：阅读各种类型的书籍、杂志和网络资料，关注全球的设计趋势和新兴技术。这将有助于设计师了解不同文化背景下的审美特点，以及各行业的最新动态。

（2）体验多元文化：参加国际交流活动，或者亲自去不同的国家和地区旅行，体验当地的文化和生活。这样可以让设计师更直接地了解不同文化之间的差异，以及不同地区的市场需求。

（3）学习跨领域知识：通过学习其他领域的知识，如艺术、科技、心理学等，设计师可以将这些知识运用到文创产品设计中，提高产品的创新性。

（4）参与跨行业合作：与其他行业的企业或机构进行合作，可以为设计师提供更广泛的资源和灵感。这种合作可以是品牌联名、技术合作等多种形式。

（5）积极参加设计竞赛和研讨会：参加国内外的设计竞赛和研讨会，可以让设计师接触到更多的设计理念和方法，激发创新思维。

（6）培养创新意识：习惯性地在日常生活中关注细节，发现可以运用到设计中的创意元素。鼓励自己在设计过程中大胆尝试，勇于突破传统的限制。

通过以上方法，设计师可以在文创产品设计过程中跳出传统的思维框架，从不同的文化、领域和行业中汲取灵感，拓展思维的边界。这样，设计师将能够创造出更具创新性、独特性和市场价值的文创产品，满足不同消费者的需求。

以下是一些实际的例子，展示如何在文创产品设计中拓展思维边界。

（1）跨文化设计。一位设计师想要设计一款文创产品，以展示世界各地的文化特色。他决定跳出传统的思维框架，从不同的文化中汲取灵感。他研究了中国剪纸、印度的曼陀罗图案、非洲的土布图案等多种文化元素，将它们融合在一款创新的拼图游戏中。这款拼图游戏不仅具有趣味性，还能让玩家了解世界各地的文化特色。

（2）结合科技领域。设计师想要为一家美术馆设计一款互动式文创产品。他不拘泥于传统的纸质书籍、明信片等形式，而是从科技领域汲取灵感。设计师将虚拟现实（VR）技术与美术馆的艺术品结合，设计出一款沉浸式的艺术体验产品。用户通过VR头盔可以在家中欣赏美术馆的艺术品，提升了参观者的体验。

（3）跨行业合作。一家时尚品牌希望设计一款与众不同的文创产品，以吸引年轻消费者。品牌决定与一家著名的动画公司合作，将动画角色融入时尚设计中。设计师将动画公司的经典角色以创新的形式呈现在服饰、饰品、包包等多种产品上，创造出独特的时尚文创系列。这种跨行业合作不仅拓宽了设计师的视野，还为品牌吸引了大量新的消费者。

2. 多角度思考

在面对一个设计问题时，尝试站在不同的角度去思考和解决问题，这将有助于我们找到更多可能的解决方案。例如，可以从用户、市场、技术等多个角度进行考虑。多角度思考可以帮助设计师从不同的视角审视问题，发现更多可能性。这种思维方式使得设计更具创新性、实用性和市场价值。以下是用一些具体的例子来说明如何在文创产品设计中运用多角度思考。

（1）设计一款环保手提袋

用户角度：设计师需要考虑用户对于手提袋的需求，如轻便、耐用、容量等因素。此外，用户可能更倾向于选择具有独特设计和环保理念的产品。

市场角度：设计师要关注市场的趋势和竞争态势，了解消费者的喜好以及竞品的优缺点。例如，环保意识的提高使得市场上对可重复使用、可降解材料的手提袋需求不断增加。

技术角度：设计师可以探讨新型环保材料和制作工艺，以提高手提袋的环保性能。例如，可以采用可降解的材料制作手提袋，并优化生产工艺以减少能源消耗。

综合以上角度，设计师可以设计出一款既实用又环保的手提袋，满足用户的需求，同时具备市场竞争力。

（2）设计一款智能文具盒

用户角度：设计师需关注用户在使用文具盒时的需求和痛点，如容纳空间、易于携带、易于寻找文具等。

市场角度：设计师要了解市场上已有的文具盒产品以及潜在的市场空白。例如，市场上可能缺乏一款集合多功能且具有创新互动体验的智能文具盒。

技术角度：设计师可以考虑将现有的技术应用于文具盒设计中，例如使用物联网技术，让文具盒与手机App连接，方便用户随时查找文具或者定位文具盒的位置。

综合多角度思考，设计师可以为用户打造一款实用、智能、富有创意的文具盒，满足用户的需求并在市场中具有竞争力。

通过这些例子可以看出，多角度思考在文创产品设计过程中具有重要意义。它可以帮助设计师更全面地审视问题，从而找到更优质、更具创新性的解决方案。

3. 创意组合

创意组合是一种在文创产品设计过程中非常有效的方法。它鼓励设计师将不同的元素、技术和材料进行组合，从而创造出独特的文创产品。这种方法有助于打破传统的设计框架，发掘更多的创意。以下是用一些具体的例子来说明如何在文创产品设计中运用创意组合。

（1）设计一款融合音乐与插画的明信片。

元素组合：设计师可以尝试将音乐和插画元素相结合，创造出一款具有独特视听体验的明信片。例如，为每张明信片定制一首背景音乐，让收到明信片的人在欣赏插画的同时，还能通过二维码或者NFC技术感受与之相关的音乐。

技术组合：设计师可以利用二维码或者NFC技术将音乐与明信片连接，用户只需扫描二维码或者靠近NFC标签，就能轻松地播放与明信片相匹配的音乐。

材料组合：设计师可以选择环保材料来制作明信片，如可降解的纸张和无毒的油墨，使产品更具环保意识。

（2）设计一款结合AR技术的立体拼图游戏。

元素组合：设计师可以将传统的拼图游戏与现代的AR技术相结合，创造出一款全新的互动式拼图游戏。玩家在完成拼图后，可以通过手机App观看拼图中的场景或角色在AR环境中的立体动态表现。

技术组合：设计师需要运用AR技术，为拼图游戏增添额外的互动元素。这可以通过开发一个与拼图相匹配的手机App来实现，用户在完成拼图后，只需用手机扫描拼图，就能观看AR效果。

材料组合：设计师可以选用高质量的纸张和环保材料制作拼图，以提高产品质感和环保性能。

通过以上例子，可以看出创意组合在文创产品设计中的重要作用。设计师可以将不同的元素、技术和材料进行组合，从而打破传统的设计框架，创造出具有独特风格和创新性的文创产品。这种方法有助于满足不同消费者的需求，提高产品的市场竞争力。

4.快速原型

快速原型是一种非常实用的方法，指的是在设计过程中快速制作简单的原型，以验证设计师的想法和概念。这种方法有助于及时发现潜在问题，进而提高设计的效率和质量。以下是用一些具体的例子来说明如何在文创产品设计中运用快速原型。

（1）设计一款创意笔筒。在设计创意笔筒的过程中，设计师可以使用简单的材料，如纸板或塑料瓶，制作出一个初步的笔筒原型。这样，设计师可以快速验证笔筒的尺寸、形状和功能，发现可能存在的问题，如容量不足、结构不稳定等。通过对原型的反复测试和修改，设计师可以在正式生产前确保产品的质量。

（2）设计一款图书馆导航App。在设计图书馆导航App时，设计师可以先创建一个低保真的原型，如用纸张画出草图或使用原型设计软件制作简单的界面。然后，设计师可以邀请潜在用户进行测试，收集用户对于导航功能、界面布局等方面的反馈。根据用户的反馈，设计师可以迅速调整设计方案，不断优化产品，直至满足用户的需求。

（3）设计一件文化衫。设计一款具有特色的文化衫时，设计师可以先用电脑软件绘制衣服的图案，并将其打印到纸张上。然后，设计师可以将纸张贴到衣服上，快速预览设计效果。这样，设计师可以在投入实际生产前发现潜在的问题，如图案大小、位置不合适等，并进行相应的调整。

通过以上例子，可以看出快速原型在文创产品设计中具有重要作用。通过制作简单的原型，设计师可以快速验证自己的想法，发现并解决潜在问题。这将有助于提高设计的效率和质量，最终使产品更具竞争力和市场价值。

（二）聚敛性思维

聚敛性思维是针对要探究的客观对象，把散乱的客观事物以及一切可以运用的资源、信息整理归纳起来，按照特定路径轨迹展开理智思维的过程。聚敛性思维的核心是对信息进行筛选和选择，把问题由广引到窄，针对问题寻求一个正确答案的思维方式，又称组合思维和求同思维、融合思维。发散思维所产生的各种构想是聚敛性思维的基础，聚敛性思维的最终目标就是要通过创新的手段让人接受所表达的信息，准确地选择文化符号去传达该产品信息，把众多的图像方案都集中指向最后的、最佳的结果。

聚敛性思维在文创产品设计中强调将各种元素整合到一个核心概念中，以实现更高效、更有针对性的设计。在文创产品设计中，运用聚敛性思维可以有效地整合各种信息元素，打造出具有独特视觉效果的作品。以下是用一些具体的例子来说明如何在文创产品设计中运用聚敛性思维。

（1）设计一张城市地标主题的明信片。在设计这款明信片时，设计师可以运用聚敛性思维将该城市的特色建筑、人物、文化等元素巧妙地结合起来。例如，可以通过拼贴、重叠等手法，将这些元素融入一个统一的视觉形象中，展现出城市的独特风貌和文化底蕴。

（2）设计一幅具有地域特色的插画作品。在创作这款插画作品时，设计师可以将地域特色的风景、建筑、民俗等元素融合在一个画面中。通过运用聚敛性思维，设计师可以创作出一幅生动、丰富的作品，凸显出地域文化的独特魅力。

（3）设计一款融合古今元素的图书封面。为了设计出一款具有历史感和现代感的图书封面，设计师可以运用聚敛性思维将古代与现代的元素巧妙地结合在一起。例如，可以将古代的文物、建筑与现代的设计风格、图案相互交融，打造出一款独特的图书封面。

通过以上例子，可以看出聚敛性思维在文创产品设计中具有重要意义。设计师可以通过巧妙地整合各种元素，创造出具有独特视觉效果和寓意的作品。这将有助于提高作品的艺术价值和市场竞争力。在实际设计过程中，设计师往往需要同时运用发散性思维和聚敛性思维，以达到最佳的设计效果。

（三）独创性思维

在视觉艺术创作的领域中，艺术家始终致力于追求不断突破、展现个性化的风格，这便是独创性思维的诠释。众多艺术作品中，若是缺乏独特的个性标识，便容易显得平淡乏味，沦为陈词滥调。个性的展示乃是艺术生命的精髓，艺术创作的审美需求具有不可复制性。针对同一艺术形象，每个人的感悟各异，每个人都拥有自己的审美体验，从而彰显出人们的个性特质。

文创产品设计师在创作过程中，当遇到、听闻、接触某一事物时，应尽可能地扩展自身的思维，勇于挑战既定规则、提出新的问题，探寻独特的观点与思路，赋予其全新的品质与内涵。这样，作品从外在形态到内在意境皆可显现出作者独特的艺术视角，皆为独创性思维的集中体现。独创性思维不拘泥于常规问题的前提，而是推崇具有新意的问题结构。通过不拘一格、引领潮流、开拓创新的方式将思维可视化，从而使文创产品设计充满创意。

独创性思维在文创产品设计中强调在设计过程中追求创新和个性化表

现，以打造独一无二的作品。设计师通过独创性思维可以将自己的审美体验和个性特征融入设计中，从而使作品具有独特的艺术价值和市场竞争力。以下是用一些具体的例子来说明如何在文创产品设计中运用独创性思维。

（1）设计一款独特的陶瓷茶具。在设计陶瓷茶具时，设计师可以尝试将个人对于茶道文化的理解和审美体验融入作品中。这可以通过选择独特的形状、纹样、色彩等元素来实现。例如，设计师可以创造出一款将传统茶道文化与现代设计元素相结合的陶瓷茶具，为消费者带来全新的品茶体验。

（2）设计一幅具有地域特色的插画作品。在创作地域特色插画作品时，设计师可以通过独创性思维展现自己对于地域文化的独特理解。例如，可以将地域特色的风景、建筑、民俗等元素以一种全新的视角和艺术风格呈现，使作品具有鲜明的个性特征。

（3）设计一款创新的环保手袋。在设计环保手袋时，设计师可以尝试将环保理念与时尚元素相结合，打造出一款既具有环保价值又具有时尚感的产品。这可以通过运用独创性思维，选择可持续材料、独特的设计元素和创新的结构等方式来实现。

通过以上例子，可以看出独创性思维在文创产品设计中具有重要意义。设计师通过敢于挑战传统、追求创新和个性化表现，可以创作出具有独特艺术价值和市场竞争力的作品。这将有助于满足消费者日益多样化的需求，推动文创产业的持续发展。

（四）联动性思维

联动性思维是一种在文创产品设计中常用的方法，包括纵向、横向和逆向联动，能引导人们拓宽思维边界，探寻未知领域。这种思维模式适用于多媒体、数字化时代，通过情节化、环环相扣、举一反三、触类旁通、从二维到三维、从具象到抽象等手法实现形态与意义的巧妙转变。

1.纵向联动

纵向联动是指对某一现象或问题进行深入探讨，深究其本质，从中获得新的启示。这种思维方式鼓励设计师挖掘事物的深层含义，从而提炼出创新的设计元素。

例如，设计一款以中国传统文化为背景的文创手办产品。设计师希望通过纵向联动，深入挖掘中国传统文化的精髓，将其融入产品设计。设计师首先对中国传统文化的历史、哲学、文学、艺术等方面进行深入研究，探究其本质和内涵。在这个过程中，设计师发现了诸如"阴阳五行""八卦""中庸之道"等中国传统文化中的核心概念，以及书法、篆刻、国画等独特的艺术形式。

接下来，设计师将这些深层次的文化内涵与手办产品设计相结合，以提炼出创新的设计元素。例如，设计师可以在手办的造型上运用国画的线条美学，或者在产品的色彩搭配中借鉴阴阳五行的理念。此外，设计师还可以将书法艺术融入包装设计，或者利用篆刻技法为手办创作独特的底座。

通过纵向联动，设计师成功地将中国传统文化的精髓融入了手办产品设计中，为消费者呈现出一款独具特色、富有创意的文创产品。

2. 横向联动

横向联动是指将某一现象的特点与其他相似或相关的事物进行联系，从而找到该现象在新环境下的应用。这种方法鼓励设计师跨界思考，从不同领域汲取灵感，实现跨界创新。

例如，设计一款跨界音乐与视觉艺术结合的文创T恤产品。设计师希望通过横向联动，将音乐元素与视觉设计相结合，为消费者呈现出一款独特的、跨界的文创产品。

设计师首先研究了不同类型的音乐风格，如摇滚、电子、民谣等，并分析这些音乐风格在节奏、旋律、和声等方面的特点。接着，设计师将这些音乐元素与视觉艺术相结合，提炼出独特的设计灵感。例如，设计师可以将摇滚音乐的强烈节奏感与抽象的视觉图案相结合，或者将电子音乐的律动感与几何形状的设计元素融合。

在设计T恤产品时，设计师可以将这些音乐元素与视觉设计相结合，为消费者呈现出一款具有音乐风格特点的文创产品。比如，在T恤的图案设计上，设计师可以运用摇滚音乐的视觉元素，如吉他、鼓等乐器图案；或者利用电子音乐的特点，如音波图案和灯光效果。

通过横向联动，设计师成功地将音乐元素与视觉艺术相结合，打破了传统的设计边界，为消费者创造了一款富有创意、跨界特色的文创产品。

3. 逆向联动

逆向联动是指从现象、问题或解决方案的相反方面进行分析，从顺推到逆推，从不同角度探索新的创新途径。逆向思维有助于设计师突破思维定式，发掘潜在的创新点。

例如，设计一款以环保为主题的文创产品，逆向联动思维可以帮助设计师从新的角度思考环保问题。设计师可以通过逆向思考，从过度消费、资源浪费等方面出发，探讨如何通过设计改变人们的消费观念，从而实现环保目标。

设计师决定设计一款具有环保意识的可重复使用购物袋。传统的塑料购物袋在使用过程中容易破损，导致资源浪费和环境污染。逆向联动思维让设计师关注到这一问题，并从相反的角度出发，设计出一款耐用、可重复使用的购物袋。

在设计过程中，设计师采用了环保材料如无纺布，提高了购物袋的耐用性。同时，设计师还对购物袋进行了创意设计，将环保观念融入其中，使购物袋更具有吸引力。例如，设计师可以在购物袋上绘制地球、动植物等与环保主题相关的图案，通过视觉传达环保信息。

通过逆向联动思维，设计师成功地突破了传统塑料购物袋的局限，为消费者创造了一款具有环保意识和创新设计的可重复使用购物袋，从而推动环保理念的传播和实践。

综上所述，在文创产品设计过程中，通过不同层面、不同领域的思考，可以综合运用各种元素，分析问题，拓展思路，使主题与元素发生相应的转移。联动性思维有助于将抽象理念和具体创新元素相互转化，为文创产品设计带来新意。在现代多媒体和数字化时代，联动性思维在文创产品设计中具有广泛的应用价值。

（五）虚构性思维

虚构作为一种创意思维方式，是指利用想象力对客观事物进行主观分析，并通过形象表现理念。虚构思维贯穿于各种文学艺术作品，如《梁山伯与祝英台》中的"化蝶"象征着永恒的爱情。通过发挥创造性想象，我们能打破既定思维，从新角度审视事物，拓展思路。这种想象力基于记忆，能够自由组合意象，创造新形象，同时受到清晰功能目标和强烈创作欲望的驱动。创造性联想还能发现看似不相似对象间的隐藏相似性，将其联系起来。虚构思维虽然不同于生活的真实，但能更深刻、全面地反映客观现实。通过虚构，我们能对形象进行变化处理，使其在视觉和意义上产生更大冲击力和更深刻的含义。

虚构性思维是文创产品设计中的一种创新思维方式，它鼓励设计师充分发挥想象力，对客观事物进行主观分析，并以形象代替理念。这种思维方式通过对现实进行变形、重组和超越，创造出新的形象、场景和故事，从而激发设计的创造力和创新性。

在文创产品设计中，虚构性思维可以帮助设计师跳出现实的框架，创造出独特的视觉效果和情感体验。通过虚构性思维，设计师可以将看似无关的元素结合在一起，产生新的设计灵感。同时，虚构性思维还可以帮助设计师挖掘深层次的寓意和象征，为作品赋予更深刻的内涵。

例如，设计一款以著名虚构小说《哈利·波特》为灵感的文创产品，设计师可以运用虚构性思维，将魔法世界的元素融入现实生活中的物品中。又如，设计一款魔法棒形状的电子设备充电器，不仅具有实用性，还能为用户带来独特的视觉效果和情感体验。这种设计将现实与虚构的元素巧妙结合，创造出新颖的设计灵感。再如，设计一款以古典神话故事为题材的拼图，设计师可以运用虚构性思维，将神话人物和场景融入拼图设计，让用户在完成拼图的过程中，感受到神话故事的魅力。这种设计既传达了神话故事的寓意，也让作品具有更深刻的内涵。

虚构性思维并不局限于对现实的真实性的追求，而且在创意中寻求生动的形象和感染力，从而更好地传达信息和价值观。在文创产品设计中，虚构性思维可以激发设计师的创造力，为他们提供更广阔的思考空间和无限的可能性。

（六）综合创意性思维

综合创意性思维是指在文创产品设计中，强调将各种造型元素、抽象思维与形象思维相结合，通过有目的的系统化组合，发挥想象力，创造新概念和联系。这种思维方式突破局限，充分挖掘创意元素，使创意作品深入人心。例如，在海报设计中，运用综合创意性思维将不同创意元素融合于特定空间，使信息简洁、易记、易识别。文创产品设计师可借鉴各类艺术门类和学科，相互启发，拓宽思路，创作出优秀的作品。

综合创意性思维是多方位、多角度、立体交叉的复合思维，涵盖形象透视、大小、质感、媒质等多角度的考虑。这种思维方法能够将客观事物以多种方式进行综合运用，为文创产品设计带来丰富的视觉表现和新颖的意义。

在文创产品设计中，综合性思维强调从多角度、多层面对各种造型元素、抽象与形象思维进行综合考虑。设计师运用综合性思维对不同元素进行有目的的系统化组合，挖掘创意潜力，创造出新的概念、联系和视觉效果。综合创意性思维还鼓励设计师跳出原有思维框架，借鉴各类艺术门类和学科，实现跨界创新。这种思维方式能够帮助设计师充分发挥想象力，拓宽视野，从而创作出具有深度、广度和创新性的文创产品。

例如，一家公司希望设计一款以古典文学名著《红楼梦》为主题的文创产品。运用综合创意性思维，设计师可以从多个角度出发，结合不同的艺术门类和学科，为这个主题创作出具有创新性的设计作品。

首先，设计师可以从视觉艺术的角度出发，将古典绘画、书法、纹样等元素融入产品设计，以呈现出与《红楼梦》相关的古典美感。同时，设计师还可以从现代设计语言的角度进行创新，将简约、抽象的设计风格与古典元素相结合，形成一种独特的视觉冲击。

其次，设计师可以从文学、历史和人文等多个学科角度对《红楼梦》的内容进行深入挖掘，了解作品中的人物、情节、象征意义等，将这些元素巧妙地融入产品设计中，从而让作品具有更深刻的内涵和情感共鸣。

此外，设计师还可以运用跨界思维，从其他领域如科技、时尚等方面寻求创新灵感。例如，可以将虚拟现实、增强现实等新兴技术应用于文创产品设计，为用户提供沉浸式的体验，使传统文化与现代科技相结合，展现出全新的魅力。

通过综合创意性思维的运用，设计师能够为《红楼梦》这一主题创作出多元化、富有创意的文创产品，满足不同用户的需求和审美，同时传承和弘扬传统文化价值。

二、思维拓展的基本手段

（一）脑力激荡法

"脑力激荡法"又称"头脑风暴法"，它最早由美国学者阿历克斯·奥斯本提出。脑力激荡法借用了精神病患者思维紊乱现象的概念，旨在通过高度活跃的思维方式产生创造性设想。这种方法的特点是敞开思想，通过相互碰撞的设想激发创造性思维。

在文创产品设计中，脑力激荡法是一种有效的创新思维方法。它鼓励设计师们在团队中敞开思想，通过相互碰撞的设想激发创造性思维。脑力激荡法有助于设计师们突破思维定式，寻求新颖的设计元素和理念，从而提高文创产品的创新性和吸引力。脑力激荡法分为直接脑力激荡和质疑脑力激荡。直接脑力激荡要求设计师们在团队中提出尽可能多的创意和设想，不受限于现有的规则和框架。质疑脑力激荡则需要团队成员对这些设想进行批判性思考，发现潜在的问题和改进点，确保设计方案的现实可行性。运用脑力激荡法，设计师们可以在团队氛围中激发创造力，发现新的设计元素和视角，从而为文创产品带来更多的创新和价值。

例如，一家文创公司要设计一款具有地方特色的纪念品。为了确保产品的独特性和创新性，团队决定采用脑力激荡法进行设计思路的拓展。

首先，团队组织一次直接脑力激荡会议。在会议上，设计师们畅所欲言，提出各种与地方特色和纪念品相关的创意设想。有设计师建议利用地方传统建筑的特点，将其融入纪念品的设计；有设计师提出可以将地方美食的元素作为纪念品的一部分；还有设计师建议结合当地的民间传说和文化符号来设计纪念品。

接下来，团队组织质疑脑力激荡会议，对这些创意设想进行深入分析。设计师们对每个设想提出疑问、挑战和建议，从而找出其中的优缺点以及可行性。比如，对于将传统建筑融入纪念品的设想，团队讨论了如何在保持建筑特点的同时，使纪念品易于生产和携带；对于地方美食元素的设想，讨论了如何在遵循食品安全规定的前提下，将美食元素巧妙地结合到纪念品中。

经过这一系列的脑力激荡，设计师们最终确定了一个综合了多种创意的纪念品设计方案。该方案将地方特色、传统建筑、民间传说和美食元素巧妙地融合在一起，形成了一个独特且具有创新性的文创产品。通过脑力激荡法，设计团队成功地为这款纪念品赋予了丰富的内涵和吸引力。

（二）类比法

类比是一种富有创造性的创意方法，通过比较两个对象或事物的相似性，以便在其他方面进行推论。类比法有助于人们突破自我，从不同的角度寻求新知识和创造性成果。这种方法在认识世界和改造世界的活动中具有重大意义，历史上许多重大的科学发现、技术发明和文学艺术创作都是运用类比法取得的成果。

类比法可分为六种类型，包括直接类比、拟人类比、幻想类比、因果类比、仿生类比和象征类比，这些类比方法有助于提高创意思维的效果，激发创造性成果。

（1）直接类比指的是直接将两个相似事物或对象进行比较。设计师可以从自然界中获取灵感，将某种动植物的形态运用到产品设计中。例如，设计一款以孔雀为灵感的饰品，将孔雀翎毛的美丽图案和色彩融入项链、耳环等饰品设计中。

（2）拟人类比是将非人事物赋予人类特征进行类比。设计师可以为一款书籍封面设计拟人化形象的动物角色，以表达书籍的主题。例如，设计一本儿童故事书的封面，以穿着衣服、戴着眼镜的狮子作为主角，展现出狮子的聪明和勇敢。

（3）幻想类比是通过想象将现实情景转化为其他场景或事物。设计师可以将神话故事中的角色和场景运用到文创产品中，创造出独特的幻想氛围。例如，设计一款以希腊神话为主题的插画系列，展现神话中诸神的形象和神话故事的场景。

（4）因果类比是根据一个事物的原因和结果来推测另一个事物的原因和结果。设计师可以将现实生活中的因果关系运用到产品设计中，以创造有趣的效果。例如，设计一款以雨伞为元素的雨衣，雨衣上的雨滴图案可以随着水分的增加而变色，形成一种类似"下雨"的视觉效果。

（5）仿生类比是根据生物界的特征和功能来设计人造物。设计师可以从生物界中汲取灵感，将生物的结构和功能运用到产品设计中。例如，设计一款以蜘蛛网为灵感的家居用品，如蜘蛛网形状的吊灯，既具有独特的美感，又具有实用性。

（6）象征类比是通过一个事物来代表另一个事物的特征或属性。设计师可以运用象征手法，将某一象征意义的元素融入产品设计中。例如，设计一款以和平鸽为主题的纪念品，将和平鸽作为象征和平与友谊的标志，传达出积极的价值观。

总之，通过运用类比法，设计师可以在文创产品设计中创造出独特的视觉效果和情感体验，同时激发创新思维，为设计师提供更广阔的思考空间和无限的可能性。

第三节 文创产品设计的流程与评价

一、文创产品设计的流程

（一）文创项目管理与市场调查

1.文创项目管理

文创业是现代经济发展的重要组成部分，其包括文化、艺术、设计等领域的产业。在这个领域中，文创项目管理是确保项目成功的关键因素之一。

在文创项目管理中，项目计划阶段是非常关键的。在这个阶段中，项目管理人员需要对项目的目标、范围、时间、成本、质量等方面进行全面考虑和规划，确保项目的顺利进行和成功完成。

首先，文创项目管理需要建立清晰的项目目标。项目目标应该是具体的、可衡量的和可实现的。具体的项目目标可以帮助项目团队更清晰地了解项目的要求和期望，确保项目团队的工作能够紧密围绕项目目标展开。同时，可衡量的目标可以帮助项目管理人员对项目的进展情况进行跟踪和评估，以便及时进行调整和协调。可实现的目标可以使项目团队更加有信心完成项目，确保项目成功实现。

其次，文创项目管理需要制订详细的项目计划。项目计划应该包括项目时间表、任务分配、资源分配等，以确保项目的有序进行。项目时间表可以帮助项目团队清晰地了解项目的进展情况和时间节点，以便及时进行调整和协调。任务分配可以帮助项目团队更好地分工合作，确保各项任务有效完成。资源分配可以帮助项目团队更好地利用资源，确保项目的成本和效益得到充分优化。

在制订项目计划的过程中，文创项目管理需要注意以下几点。

（1）确保项目计划符合项目目标和范围。项目计划应该紧密围绕项目目标展开，确保项目成果符合预期要求。

（2）确定关键路径和风险点。关键路径是指项目中关键任务的路径，风险点是指可能影响项目进展和成果的因素。项目管理人员需要识别和管理这些关键路径和风险点，以确保项目进展顺利。

（3）考虑项目的可行性和可持续性。项目管理人员需要充分考虑项目的可行性和可持续性，确保项目的可行性和可持续性得到充分保障。

（4）充分考虑项目的资源和成本。项目管理人员需要充分考虑项目的资源和成本，以确保项目可以在可接受的成本范围内完成。

2. 文创产品市场调查

文创产品市场调查是了解市场需求、竞争情况以及消费者行为和态度等，为文创产品设计和推广提供依据的过程。以下是进行文创产品市场调查的步骤和方法。

（1）确定研究目标和范围。在进行文创产品市场调查之前，需要明确研究的目标和范围，例如了解市场需求、竞争情况或者消费者行为和态度等。

（2）收集信息和数据。收集信息和数据是进行文创产品市场调查的基础。可以通过各种渠道收集信息和数据，如互联网、报纸杂志、调查问卷、焦点小组讨论等。

（3）分析数据和信息。在收集了足够的数据和信息之后，需要对数据和信息进行分析，了解市场的现状和趋势。可以采用各种数据分析和统计方法进行分析。

（4）撰写报告和总结。在分析完数据和信息之后，需要将调查结果撰写成报告，并进行总结和分析。报告应该清晰、简明扼要地表达调查结果和分析结论。

在进行文创产品市场调查时，需要注意以下几点。

（1）研究对象的选择。研究对象的选择应该与研究目标和范围相符，以确保研究结果的可靠性和有效性。

（2）调查方法的选择。调查方法应该根据研究目标和范围，选择合适的调查方法，如问卷调查、焦点小组讨论等。

（3）数据的可靠性和有效性。在进行文创产品市场调查时，需要确保数据的可靠性和有效性。可以采用多种方法来保证数据的可靠性和有效性，如多次重复调查、抽样调查等。

（4）调查结果的分析和总结。在进行文创产品市场调查后，需要对调查结果进行分析和总结，并撰写出清晰、简明扼要的报告。

综上所述，通过合适的步骤和方法进行调查，可以获得可靠和有效的结果，并为后续的产品设计和推广提供指导。

（二）文创产品受众行为分析与用户画像

1. 文创产品受众行为分析

文创产品的受众行为分析是文创产业中非常重要的一环。受众行为分析旨在了解消费者的需求和行为特征，以便针对受众的需求和行为特征来设计和推广文创产品。

要分析文创产品受众行为，可以从以下几个方面入手。

（1）受众特征：文创产品的受众通常具有一定的文化素养和审美水平，他们可能更倾向于独特、个性化的产品。受众年龄、性别、地域、教育背景等特征也会影响他们对文创产品的喜好。

（2）受众需求：文创产品受众的需求多种多样，可能包括个人消费、送礼、收藏等。产品的设计、创意、实用性等方面需要满足这些需求，以便吸引更多受众。

（3）购买渠道：受众可通过线上平台、实体店、展览会等多种途径购买文创产品。了解受众的购买习惯和渠道偏好，有助于提高产品的销售和市场推广效果。

（4）受众行为：文创产品受众在购买前可能会进行一定的信息搜索，包括查看产品图片、阅读评论、了解品牌故事等。此外，他们可能会在社交媒体上分享购买心得、产品图片等，从而为文创产品营造口碑。

（5）受众忠诚度：了解受众对特定文创产品或品牌的忠诚度，可以为企业提供有关产品改进和市场策略制定的参考。通常，具有独特创意、高品质和良好品牌形象的文创产品更容易获得受众的忠诚。

（6）市场趋势：关注市场趋势，了解受众对新兴文创产品类型、创意元素、设计风格等的喜好，有助于企业及时调整产品策略，以满足受众的不断变化的需求。

通过以上几个方面的分析，企业可以更好地了解文创产品受众的行为特征，为产品开发、市场推广等提供有力支持。

2. 文创产品用户画像

用户画像又称为用户角色定位，它是一种基于一系列真实数据的目标顾客模型，能全面呈现用户的详细信息。文创产品的用户形象应遵循三个基本原则，即关注人口统计特征和信誉信息、重视高度相关信息和优先考虑定性数据。在分析用户和建立用户形象时，应关注与产品或服务高度相关的信息，而避免弱关联信息。用户形象应以实际应用为出发点，将用户信息划分为五个主要类别：人口统计特征、信誉特征、消费习惯、兴趣偏好和社交特征。这五类信息基本涵盖了满足业务需求所需的高度关联信息，结合外部环境数据，将产生巨大的商业潜力。用户形象是一个基于用户社会特征、生活方式和购买行为等信息而生成的标签化用户模型。建立用户形象的关键任务是为用户贴上"标签"，即通过对用户信息的分析得到的高度概括的特征描述。通过运用用户形象，企业不仅可以实现产品和服务的"精准匹配"，还可以针对目标客户进行产品开发或服务设计，实现按需生产和个性化定制，为企业发展制定战略。

文创产品用户画像是对文创产品受众的详细描述，包括其基本特征、兴趣爱好、需求偏好等。通过构建用户画像，企业可以更好地了解目标用户群体，从而为产品开发、市场推广等制定更精准的策略。以下是一个文创产品用户画像的示例。

（1）基本信息：

年龄：25—40岁。

性别：男女不限。

地域：一线和二线城市。

教育背景：大学及以上学历。

职业：设计师、艺术家、白领、教师等。

收入水平：中等及以上。

（2）兴趣爱好：

对艺术、设计、文化具有浓厚兴趣。

喜欢阅读、观影、旅行、参观展览等活动。

关注时尚、潮流、创意产业动态。

喜欢尝试新事物，追求个性化、独特的生活方式。

（3）需求偏好：

注重产品设计、创意和实用性。

喜欢具有独特文化内涵和故事的产品。

偏好高品质、环保、可持续的产品。

关注个性化、定制化产品。

（4）购买行为：

通过电商平台（如淘宝、京东等）、实体店、展览会等途径购买文创产品。

购买决策可能受到品牌、口碑、价格等因素影响。

愿意为高品质、独特创意的产品支付溢价。

（5）社交媒体习惯：

活跃于微博、抖音、小红书等社交媒体平台。

乐于分享购买心得、产品图片等内容。

关注设计师、艺术家、文创品牌等相关公众号和社群。

需要注意的是，这里的用户画像仅为示例，实际情况可能会有所不同。企业在构建文创产品用户画像时，需要根据自身产品特点、市场定位等因素进行调整，并通过市场调查、数据分析等方法不断完善。

（三）文创产品定位与头脑风暴

1.文创产品定位

文创产品定位是指在市场中为文创产品明确其特性、受众群体和竞争优势的过程。要成功地为文创产品进行定位，可以遵循以下几个步骤。

（1）明确产品特点：首先要明确文创产品的核心特点，如设计风格、创意元素、文化内涵等。这将有助于企业在市场中为产品划分出独特的位置。

（2）确定目标受众：深入了解潜在用户的需求、兴趣和购买行为，为产品确定一个明确的目标受众群体。这可以帮助企业更精确地满足受众的需求，提高产品的吸引力。

（3）分析竞争格局：研究市场中的竞争对手，分析他们的产品特点、优势和劣势，找出自己产品的竞争优势。在此基础上，制定相应的市场策略，以便在激烈的竞争中脱颖而出。

（4）品牌形象塑造：为文创产品建立一个独特且易于识别的品牌形象。品牌形象应与产品特点、目标受众和竞争优势相一致，以便在受众心中留下深刻印象。

（5）营销策略制定：根据产品定位，制定适当的营销策略，包括产品推广、价格策略、渠道选择等。这将有助于企业更有效地将产品推向市场，提高销售业绩。

（6）持续优化：定期收集用户反馈和市场数据，评估产品定位是否准确。如有需要，及时调整产品特点、受众定位、营销策略等，以便更好地适应市场变化。

通过以上几个步骤，企业可以为文创产品确定一个明确且具有竞争力的市场定位，从而实现产品的成功推广和销售。

2. 文创产品开发中的头脑风暴

头脑风暴是一种寻求新思路、创意和解决方案的团队协作方法，适用于文创产品开发过程中。通过头脑风暴，团队成员可以自由分享想法，激发创新思维，从而为产品开发提供有价值的灵感。以下是在文创产品开发中进行头脑风暴的一些建议。

（1）准备工作：为头脑风暴会议设定一个明确的目标，如寻找新的设计元素、创意主题等。确保参与者了解会议的目的，提前准备相关资料和想法。

（2）适当引导：指定一位主持人来引导头脑风暴过程，确保讨论的方向和效率。主持人应鼓励参与者积极发言，确保每个人都有机会分享想法。

（3）无拘束的思考：鼓励团队成员在头脑风暴过程中自由发挥，不受限于现有的规则和框架。这有助于激发更多新颖、独特的创意。

（4）避免评判：在头脑风暴阶段，尽量避免对他人想法的评判。这样可以减少负面情绪，鼓励更多的想法涌现。评判和筛选创意可以在头脑风暴结束后进行。

（5）记录想法：确保记录所有产生的想法，无论它们是否立即可行。这些记录可以在后续的产品开发过程中作为参考和灵感来源。

（6）结合多种方法：尝试使用不同的头脑风暴方法，如默写、角色扮演、图像联想等，以便从多个角度激发创意。

（7）分析和筛选：头脑风暴结束后，对产生的想法进行分析和筛选，找出那些具有潜力且符合产品定位的创意。将这些创意纳入产品开发计划，并进行进一步的完善和优化。

通过有效地进行头脑风暴，团队可以共同创造出独特、富有创意的文创产品，从而满足市场需求并实现商业成功。

（四）文创产品设计草图表现与效果图表现

1. 文创产品设计草图表现

文创产品设计草图表现是指在文创产品设计阶段，通过手绘或电脑软件绘制的简化设计草图，表达设计概念和初步想法。设计草图能够帮助设计师更好地展示和传达创意，同时也有助于团队成员之间的沟通和协作。文创产品设计草图表现需要注意以下几个方面。

（1）保持简洁：设计草图不需要过于精细，只需突出主要元素和关键特征。通过简洁的线条和形状，可以更直观地传达设计意图。

（2）使用恰当的视角：选择合适的视角，以便于展示设计的重要特点。例如，正视图、侧视图、俯视图等视角可以从不同方面展现产品的外观和结构。

（3）利用颜色和阴影：通过颜色和阴影，可以增强设计草图的立体感和视觉效果。注意颜色的搭配和层次，以便更好地表现产品的质感和氛围。

（4）注重比例：在绘制设计草图时，要注意元素之间的比例关系。正确的比例有助于传达产品的实际尺寸和形态，为后续的产品开发提供准确的参考。

（5）添加标注和说明：在草图中添加文字标注和说明，可以帮助其他团队成员更容易地理解设计意图。例如，可以标注尺寸、材质、颜色等详细信息。

（6）多个方案对比：在设计草图阶段，可以尝试绘制多个方案，以便于团队成员对比和讨论。通过比较不同的设计草图，可以更容易地找到最佳的设计方案。

（7）保持开放和灵活：设计草图是一个探索和试验的过程，设计师应保持开放和灵活的心态，随时准备对设计进行调整和优化。

2. 文创产品设计效果图表现

文创产品设计效果图是在设计草图基础上，通过更精细的绘制和表现手法展示产品最终设计效果的视觉呈现。设计效果图对于展示产品的外观、质感、细节和实际应用场景非常重要，有助于团队成员和客户更直观地理解设计意图。文创产品设计效果图表现需要注意以下几个方面。

（1）高度精细：与设计草图相比，设计效果图应更加精细和细致，展示产品的各个细节和特征，包括材质、纹理、色彩、光影等方面的表现。

（2）逼真的视觉效果：利用逼真的渲染技巧，使设计效果图尽可能接近实际产品的外观，可以通过使用专业的设计软件和渲染工具来实现。

（3）多角度展示：通过绘制不同视角的效果图，可以全方位地展示产品的外观和结构，有助于团队成员和客户更全面地了解产品设计。

（4）呈现实际应用场景：在设计效果图中展示产品在实际应用场景中的效果，可以帮助观众更好地理解产品的功能和使用方式。例如，可以绘制产品在家庭、办公室或公共空间等场景下的效果图。

（5）注意品牌形象：在设计效果图中融入品牌元素，如标志、色彩、字体等，以保持产品与品牌形象的一致性，对于建立品牌认知和提升品牌价值具有重要意义。

（6）创意故事性：在设计效果图中融入一定的故事性和情感因素，有助于吸引观众的注意力，增强产品的吸引力。这可以通过场景设置、人物插画等手法来实现。

（7）与团队和客户沟通：在制作设计效果图过程中，与团队成员和客户保持良好的沟通，及时了解他们的需求和建议，对设计进行调整和优化。

（五）文创平面作品打样与产品模型制作

1.文创平面作品打样

文创平面作品打样是指在设计稿件完成后，进行实际印刷生产前的一次样品制作过程，以检验设计效果、颜色、材质等是否符合预期。这一过程对于确保最终成品的质量和效果至关重要。文创平面作品打样需要注意以下几个方面的内容。

（1）设计文件检查：在打样前，务必仔细检查设计文件，确保所有元素（如图像、文字、颜色、尺寸等）都符合要求。避免因设计文件中的错误导致打样失败。

（2）选择合适的打印材料：根据设计需求和预算，选择合适的纸张、墨水等印刷材料。不同的材料会对最终打印效果产生不同的影响，因此选择合适的材料至关重要。

（3）色彩校正：由于显示器和打印设备的色彩表现存在差异，打样前需要进行色彩校正，确保打印出的颜色与设计稿中的颜色尽量接近。可以使用色彩校正软件进行调整，或与打印厂商沟通以获取正确的色彩匹配。

（4）印刷参数设置：确保打印设备的设置（如分辨率、色彩模式等）与设计文件相匹配。这可以避免在打样过程中出现图像模糊、颜色失真等问题。

（5）仔细检查打样成品：在收到打样成品后，仔细检查其颜色、清晰度、材质等是否符合预期。如果发现问题，及时与设计师和打印厂商沟通，进行调整和修正。

（6）考虑多次打样：如果预算允许，可以考虑进行多次打样，以便更好地调整和优化设计。多次打样有助于达到最佳的印刷效果，确保最终成品的质量。

（7）与团队和客户沟通：在打样过程中，与团队成员和客户保持良好的沟通，及时了解他们的需求和建议，对设计进行调整和优化。

2. 文创产品模型制作

文创产品模型制作是指在设计阶段完成后，将设计图纸转化为实体产品的一个关键步骤。这一过程涉及材料选择、制作技术、细节处理等方面，对于确保最终产品质量和效果具有重要意义。除了遵循文创平面作品打样的注意事项，还需要注意以下几个方面。

（1）材料选择：根据产品的设计需求、预算和目标市场，选择合适的材料进行模型制作。材料的选择会直接影响到产品的质量、外观和手感，因此应充分考虑各种因素，如耐用性、环保性、成本等。

（2）制作技术：根据产品类型和设计要求，选择合适的制作技术。常见的制作技术包括手工制作、3D打印、注塑成型、激光切割等。每种技术都有其特点和适用范围，因此需要根据具体情况进行选择。

（3）细节处理：在模型制作过程中，要注重细节的处理，确保产品的质量和外观。这包括对接缝、表面处理、颜色搭配等方面的处理。一个成功的模型应该在细节上尽可能地接近最终产品。

（4）模型评估：在模型制作完成后，对其进行全面评估，包括外观、功能、质量等方面。如有问题，及时进行调整和改进。同时，可以邀请设计师、团队成员和潜在客户对模型进行评估，收集他们的意见和建议。

（5）多次修正：根据评估结果，可能需要对模型进行多次修正，以达到最佳效果。不断地调整和优化模型，有助于提高最终产品的质量和满意度。

二、文创产品设计的评价

文创产品设计的评价是一个关键环节，用于衡量设计方案是否满足需求、预期效果和目标市场的期望。评价过程需要综合考虑多个方面，以下是一些用于评价文创产品设计的建议。

（1）功能性：评价产品设计是否满足其功能需求，包括易用性、实用性、可操作性等方面。产品应具备解决用户问题的能力，同时便于用户上手和使用。

（2）美学价值：评估产品设计的视觉效果、创意和审美价值。产品应具有独特的设计语言和风格，能够吸引目标用户，并与品牌形象保持一致。

（3）创新性：评价产品设计是否具有新颖独特的创意和解决方案，能够在同类产品中脱颖而出。创新性可以体现在设计理念、形式、功能和技术等方面。

（4）可行性：考虑产品设计在实际生产和市场推广过程中的可行性，包括生产成本、技术难度、供应链等因素。设计方案应具备一定的实施可能性，以确保顺利投产和上市。

（5）目标市场适应性：评估产品设计是否符合目标市场的需求和期望，能够满足不同用户群体的偏好。这可以通过市场调研、用户测试和反馈等方式来了解。

（6）环保性：评价产品设计在环境保护方面的表现，包括使用环保材料、节能设计、可循环利用等。产品应具备一定的环保意识，符合现代社会对可持续发展的要求。

（7）人性化：评估产品设计是否充分考虑用户需求和体验，能否提供舒适便捷的使用感受。人性化设计可以通过关注细节、增加功能、优化操作流程等方式实现。

（8）经济效益：评价产品设计是否具备良好的市场前景和盈利潜力。产品应具备一定的竞争力和商业价值，能够为企业创造收益和价值。

第四节 文创产品设计的文化体现

一、地域文化与文创产品设计

地域文化是指中国不同区域的物质财富和精神财富的集合体，它是艺术设计源源不断的灵感来源。

（一）地域文化的形成原因及审美特征

1.地域文化的形成原因

中国是一个拥有5000年悠久文化历史的国家，地域文化是其中重要的组成部分。中国地域文化的形成源于得天独厚的自然地理和人文环境。这些地域文化包括历史遗存、文化形态、审美取向、社会习俗和生产生活方式等，长期在一定的地域范围内融合而成。

如今，中国的地域文化已经形成了多个独具特色的地域文化体系，包括巴蜀文化、关中文化、吴越文化、荆楚文化、岭南文化等。这些地域文化不仅保留了共性，而且具有一定的个性。它们既存在着一定的冲突，也存在着深度的融合，展现出了中华民族丰富多彩的文化形态。

中国地域文化的形成主要受到自然地理环境、移民、区划、民族等因素的影响。这些因素在特定区域内相互交织，形成了特定的文化传承和习俗。例如，岭南地区气候湿润，自然资源丰富，这就使得该地域的文化以山水和广府文化为主要特征；而关中地区则以黄土地貌和周秦文化为主要特征；巴蜀地区以四川盆地和巴蜀文化为主要特征；等等。

总之，中国地域文化的形成离不开自然和人文环境的相互作用，地域文化的差异也因此得以存在。这种差异丰富了中华民族的文化形态，让中国文化更加多元、丰富和有趣。

2. 地域文化的审美特征

地域文化的审美特征主要体现在以下几个方面。

（1）地域文化的审美特征是一种具有长期性和相对稳定性的文化形态。中华民族在几千年的历史演变过程中不断适应和创新，各地域的文化形态也因历史差异而产生了不同的特征。

（2）地域文化之间具有相互渗透性和相互包容性。我国古代政权大多是统一的，各地人们的相互流动带来了文化习俗的相互影响，尤其是在几个交汇的文化区域，形成了兼具几种地域文化特点的文化。

（3）地域文化的表现形式是多种多样的，具有独特性和广泛性。它们融合了地域性、民族性、历史性等因素，呈现出多样的艺术表现形式和审美特征。例如，巴蜀文化以"巴蜀文艺"为代表，包括音乐、戏剧、舞蹈、绘画等多种艺术形式；而荆楚文化以"楚剧"为代表，其独特的表现方式和情感表达方式具有强烈的地域特色；岭南文化则以广府文化和潮汕文化为代表，呈现出丰富多彩的表现形式和审美特征。

综上所述，地域文化的审美特征在于其具有长期性和相对稳定性、相互渗透性和相互包容性，以及多样的表现形式和独特的地域性、民族性和历史性特征。这种文化特征丰富了中国的文化底蕴，也为人们创作和欣赏各种艺术形式提供了源源不断的灵感和启示。

（二）地域文化对文创产品的影响和启示

地域文化对文创产品的影响和启示主要体现在以下几个方面。

1. 地域文化是文创产品设计的灵感和基石

文化和文明涵盖了知识、信仰、艺术、法律、风俗以及一个社会成员所拥有的一切能力和习惯等复合整体。如果缺乏对地域文化的尊重，就会忽略每种文化的独特性。以文创产品设计为例，如果没有挖掘地域文化，就会导致同质化现象，设计缺乏特色。

举例来说，中国中秋节是一个具有浓厚地域文化色彩的节日，传统的中秋节庆祝方式包括赏月、吃月饼、赏花灯等。如果一款文创产品的设计师忽略了中秋节传统的文化元素，仅仅将其作为一个商业机会来开发，那么这款产品就可能失去其文化内涵，变得平庸无奇，无法吸引消费者的注意。相反，如果设计师将中秋节文化元素融入产品设计之中，例如将花灯的形状或月饼的图案用于产品设计，那么这款产品就会更具有文化内涵和吸引力。

2.文创产品设计可以发挥保护和传承地域文化的作用

文化认知是一种地域性的思维活动，涵盖了易于接受的文化行为和对文化的理解与认同。地域文化的认知和习惯受到生存环境的影响和制约，具有独特的认知性和习惯性，这些特征决定了设计的文化特色。

举例来说，中国传统的京剧是一种地域性文化形式，包括音乐、舞蹈、戏剧等多种艺术形式，是中国文化的重要组成部分。如果一个京剧主题的文创产品设计忽略了地域文化元素，没有考虑到京剧的音乐、角色、服饰等方面的特点，那么这个文创产品就可能失去了文化特色，变得毫无特点。相反，如果设计师将地域文化元素巧妙地融入产品设计中，例如采用传统京剧角色的造型和音乐元素，那么这个文创产品就可以更好地展示京剧的文化内涵和特点。

21世纪是一个强调个性化和人性化的时代，现代设计师们从地域文化中寻找灵感，这种做法可以唤起特定地域居民的自信和自豪感，让地方呈现出丰富多彩、充满活力的面貌，进而促进经济和旅游业的发展，同时也有助于保护和传承地域文化。通过挖掘不同地方特色的文化，设计师们可以创作出具有地域特色的产品，从而对于城市品牌的塑造和地域文化的传承产生重要的推动作用。

例如，四川是一个拥有丰富地域文化的省份，蜀绣、川剧、火锅等都是四川独有的文化元素。如果设计师们在设计文创产品时能够将这些地域文化元素有机地融入产品中，比如将川剧中的角色形象、蜀绣中的刺绣元素或是火锅中的食材元素运用到产品设计中，那么这些产品就能够更好地呈现出四川的地域特色，吸引消费者的关注，同时也有助于传承和保护四川的地域文化。

二、中国传统美学与文创产品设计

（一）中国传统美学主张与文创设计特征

1. 儒家思想

儒家思想注重"善"，儒家美学主张美与善的统一，认为善的核心地位非常重要。因此，艺术作品不仅要追求美感，还要符合礼教的要求，美与善的统一才能让人们在欣赏艺术作品时既获得审美的愉悦，又陶冶情操。儒家美学另一个重要的主张是"中和之美"，中庸内敛的设计主张要求作品节制、和谐，让使用者的心境与心理情绪也达到平和。例如，在中国文化中，京剧脸谱、宫廷院落、风筝、剪纸、年画、窗花等艺术形式常采用对称形式，强调以偶为美。

文创产品也可以体现儒家美学的理念，例如，文创设计师可以设计一款以儒家美学为灵感的文创产品——书签。设计师可以采用对称的图案，如"福"字、"寿"字、双鱼、对联等元素，将美感与儒家美学的理念相融合，让用户在使用书签的同时，感受到中庸内敛的审美意境，引导使用者达到回归本真、追求善的境界。

2. 禅宗美学

禅宗美学是在佛教禅宗的影响下形成的美学思想。禅宗美学主张让人们回归本真，追求自然、忘我、自性清净及人生的理想境界。

禅宗美学的理念可以运用到文创产品的设计中。例如，可以设计一款禅意茶壶。禅意茶壶的设计风格强调简洁、自然、平静、和谐，从外形到内部的细节都体现了禅宗美学的思想。例如，茶壶可以采用天然陶瓷材质，形状简洁，采用流畅的曲线设计，让整个茶壶看起来自然、平静、和谐。另外，茶壶内部可以采用天然石英砂等材质，这不仅可以让茶的味道更加纯正，同时也体现了禅宗美学对于自然、本真的追求。在使用这款禅意茶壶的过程中，人们可以感受到禅宗美学的理念——回归自然、追求内心的平静与和谐。

3.道家文化

道家文化是中国的本土文化，道家美学深刻地把握了美的内在本质及美学精神，成为中国原点性美学的重要组成部分。道家美学主张真善美的和谐统一，反对矫揉造作，以自然和谐为法则，崇尚不雕琢的自然之美。

道家美学的思想可以融入文创产品的设计中。例如，可以设计一款以道家美学为灵感的家居装饰品。这款装饰品可以采用自然材料，如竹子、木头等，形状简单而富有变化，自然呈现出材料本身的美感。同时，这款装饰品的设计理念也可以体现道家美学的核心思想——真善美的和谐统一。装饰品的形状可以与材质相呼应，或者通过色彩的运用来表达真善美的和谐，使得整个设计充满自然的和谐之美。在使用这款家居装饰品的过程中，人们可以感受到道家美学的思想，回归自然、追求真善美的和谐，体会到一种内在的美学精神。

（二）中国传统美学设计原则启示

1.以"仁"为基础的文创产品设计

在现代的设计美学观点中，艺术设计的价值观决定了设计的中心是人而不是物，设计对象更主要的是作为承载并享受设计成果的绝大多数受众。在中国传统美学中，儒家思想强调"仁者爱人"，以仁为基础的思想体系也渗透到了文化艺术领域，强调尊重人性，注重人的内在品质和人格的发展。此外，道家思想中也强调"道法自然"，强调自然与人的和谐共生。

以"仁"为基础的文创产品设计是一种充分体现人性化设计理念的产品设计。例如，可以设计一款智能化的老年辅助生活文创产品，这款产品考虑到了老年人的特殊需求，如行动不便、视力较差等。在设计上，这款产品注重用户体验，可以设计易于操作的界面，同时还具有智能化的功能，能够根据用户的习惯进行智能推荐，提高用户的使用体验。在产品材料选择上，也要考虑到老年人的健康和舒适需求，选择符合人体工学原理的材料，充分保障使用者的身体健康。这样的文创产品设计充分考虑到了用户的需求，强调了以人为本的设计理念，注重人性化，既符合现代的设计美学观点，也体现了中国传统美学中"仁者爱人""道法自然"的思想，为人们提供了更加贴心、更人性化的设计体验。

2. 以"天人合一"为理念的文创产品设计

"天人合一"是中国传统美学中的一个重要命题，也是一种和谐化设计的理念，儒家"天人合一"美学思想则是探讨人与自然环境之间关系的一种思想。在文创产品设计中，以"天人合一"为理念的设计可以体现出和谐化的设计原则。

例如，可以设计一款结合自然元素的居家装饰产品。这款产品的设计中，要融合自然元素与人造元素，通过设计使这些元素在整体上形成和谐、有机的关系，给人们带来一种自然、舒适的感受。设计中，可以采用自然材料，如竹木等材质，同时结合现代科技，使用新型的材料和技术，使产品在使用时既能满足人们的生活需求，又能保护自然环境。在设计元素上，要融合不同的自然元素，如花草、动物等，使设计具有生命力和生态感。同时，这款产品还可以通过设计巧妙地结合人工元素，如线条、图案等，使整个设计更具现代感和艺术性。这样的设计不仅符合"天人合一"的美学思想，同时也体现出和谐化的设计原则，能够给人们带来舒适和愉悦的使用体验。

3. 以纯朴简练、注重自然本真为理念的文创产品设计

纯朴设计是一种注重自然本真的表达方式。在纯朴设计中，材料的本质是非常重要的，设计应该展现出它的素雅和古朴之美。纯朴设计的美感取决于观者的心性开悟程度，作品通常表现出岁月的沉淀，让观者能够长时间欣赏并回味无穷，带来长久的美学体验和精神上的满足。例如，以木材为主要材料的家居文创产品设计，在简洁的线条和光滑的表面处理中，展现了木材自然的纹理和色泽，表达了对自然的敬畏之情。

4. 以圆融内敛、追求象征寓意圆满为理念的文创产品设计

在圆融内敛的设计中，作品形式通常采用圆满、柔和、内敛的风格，营造出宁静、和谐的美学氛围。此类设计强调符号象征性的表达，以简洁的形式传达复杂的思想和情感，带给观者深刻的体验和共鸣。例如，中国的团扇，它以圆形为主要形式，团扇的最外侧常常以花草图案或文字勾勒出柔和的线条，同时团扇上往往绘有精美的山水、人物或诗词等元素，寓意丰富，彰显圆融内敛之美。

三、情感体验与文创产品设计

情感体验是文创产品设计中至关重要的一环，它涉及产品与消费者之间的情感交流和情感共鸣。在文创产品设计中，情感体验可以通过多种方式来实现，例如通过色彩、形状、材质、功能等方面的设计来营造出不同的情感氛围，从而引起消费者的共鸣和情感体验。

以文创产品设计中的陶瓷作品为例，可以通过采用不同的色彩和纹样来传达不同的情感氛围，如以温暖的色调和渐变的纹路来表达安静和放松的情感，以鲜明的色彩和清晰的线条来表达活力和创造力等等。另外，在材质的选择上，可以通过采用天然材料，如竹子、木材、棉麻等来营造出自然、亲切的情感氛围，让消费者感受到产品的亲和力和温暖感。

除了设计方面的考虑，情感体验还需要在产品的功能、服务等方面得到实现。例如，在智能家居领域，一些智能音箱或智能灯具可以通过语音交互或触摸操作等方式来实现与消费者的情感互动，让消费者感受到产品的贴心和友善。

因此，情感体验在文创产品设计中具有重要的地位，它不仅能够激发消费者的购买欲望和忠诚度，更能够提高产品的附加值和市场竞争力。

四、文化符码与文创产品设计

文化符码是指具有一定文化意义并被社会所认同的符号、图案、色彩等元素。在文创产品设计中，充分挖掘文化符码，运用文化符码进行设计，不仅可以表达文化的内涵和特色，也可以激发人们的文化认同感和情感共鸣，从而增强产品的文化价值和市场竞争力。

例如，中国的传统节日中，元宵节是一个具有重要文化符码的节日。元宵节的文化符码包括灯笼、汤圆、猜灯谜等元素。在文创产品设计中，设计师可以运用这些元素进行设计，制作出具有元宵节特色的文创产品。例如，设计师可以设计出灯笼形状的手提包、汤圆造型的手办、猜灯谜主题的卡片等产品，通过这些产品传递出元宵节的文化内涵，激发人们的情感体验和文化认同感。

又如，中国的传统建筑中，宫殿、园林、亭台楼阁等元素也是具有重要文化符码的元素。设计师可以将这些元素运用到文创产品设计中，设计出具有中国传统建筑特色的文创产品。设计师可以设计出宫殿风格的手镯、园林主题的手机壳、亭台楼阁造型的书签等产品，通过这些产品表达出中国传统建筑的文化内涵，激发人们对传统文化的兴趣和热爱。

总之，文化符码在文创产品设计中具有重要的地位和作用，运用好文化符码可以增强产品的文化价值和市场竞争力，让人们对文化有更深入的理解和体验。

第三章　传统文化元素在文创产品设计中的创新与转化

　　在文创产品设计中，传统文化元素的创新与转化是一种很重要的设计策略。将传统文化元素与现代设计理念结合，不仅可以让传统文化得到传承与发扬，还可以为现代消费者带来独特的审美体验。在文创产品设计中实现传统文化元素的创新与转化，需要深入挖掘传统文化内涵，运用现代设计理念与技巧，注重实用性与审美性的平衡，以及强调文化传承与交流。这样，传统文化才能在现代社会中焕发新的生机与活力。本章将对传统文化元素在文创产品设计中的创新与转化展开论述。

第一节　传统文化元素的提取与文创产品设计方法

一、传统文化元素的提取步骤

传统文化元素是文创产品设计的重要资源之一，提取传统文化元素可以帮助设计师更好地融入文化元素，提高文化产品的文化内涵和独特性。传统文化元素的提取步骤与方法主要有以下几种。

（一）研究传统文化

研究传统文化是提取传统文化元素的重要步骤，它可以帮助设计师更好地理解和掌握传统文化的背景、内涵、象征意义和艺术表现方式等，为文创产品设计提供灵感和基础。在研究传统文化时，需要注意以下几点。

1.需要明确研究的文化范围和主题

明确研究的文化范围和主题是提取传统文化元素的重要步骤之一。不同的传统文化包含着各自的价值观念、审美标准、表现方式等，因此，在进行研究时需要有明确的研究范畴和主题，以便深入掌握和挖掘文化内涵和元素。下面以中国传统文化中的山水画为例，说明明确研究范畴和主题的意义和方法。

（1）明确研究范畴：在研究山水画时，需要明确研究的范畴，如明清山水画、南北山水画、工笔山水画等，以便对山水画的表现手法和文化内涵进行深入研究。

（2）确定研究主题：在明确研究范畴的基础上，需要确定研究的主题，如山水画中的自然、人文、道德等方面的元素，以便深入挖掘和理解山水画的文化内涵和表现方式。

（3）深入研究：在明确研究范畴和主题的基础上，需要进行深入研究，包括阅读相关的文献和资料，观看山水画作品，了解山水画的历史、流派、表现手法等方面的知识。

（4）运用文化元素：在深入研究的基础上，可以将山水画中的文化元素应用到文创产品设计中。例如，将山水画中的意境和元素应用到家居、服装、首饰等设计中，打造出具有文化底蕴和现代感的文创作品。

2.需要选择权威的资料和文献

选择权威的资料和文献是提取传统文化元素的关键步骤之一。传统文化博大精深，需要有足够的资料和文献作为研究的依据和支撑。同时，选择权威的研究机构和专家，可以确保研究的可信度和权威性。下面以中国传统文化中的书法为例，说明选择权威资料和文献的意义和方法。

（1）选择权威的研究机构和专家：在进行书法研究时，需要选择权威的研究机构和专家，如中国书法家协会、国家文物局等，以便获取权威的书法资料和文献。

（2）选择合适的资料和文献：在选择书法资料和文献时，需要选择与研究主题相关，且具有良好可信度的资料和文献。这些资料和文献可以是书法家的作品、书法理论的著作、书法博物馆的展览目录等。

（3）深入研究：在选择权威的资料和文献的基础上，需要进行深入的研究，包括对书法家的作品进行仔细的观察和分析，对书法理论进行深入的解读和理解。

（4）运用文化元素：在深入研究的基础上，可以将书法中的文化元素应用到文创产品设计中。例如，将书法中的笔画和形态应用到服装、家居、装饰等设计中，打造出具有文化底蕴和现代感的文创作品。

（二）筛选文化元素

对文化元素进行分类和筛选是提取传统文化元素的关键步骤之一。在研究传统文化时，需要从大量的文化元素中筛选出与设计主题相关、具有艺术表现力和现代审美感的文化元素，以便创造出具有文化底蕴和现代感的文创产品。下面以中国传统文化中的景泰蓝工艺为例，说明对文化元素进行分类和筛选的意义和方法。

1. 分类

在研究景泰蓝工艺时，需要对文化元素进行分类，如景泰蓝工艺的历史和传承、景泰蓝工艺的制作工艺、景泰蓝工艺的设计和题材等。

在研究景泰蓝工艺时，对文化元素进行分类可以帮助设计师更好地理解和挖掘景泰蓝工艺的文化内涵和元素，从而创造出更有文化底蕴和现代感的文创产品。

（1）历史和传承：景泰蓝工艺有着悠久的历史和丰富的传承，是中国传统工艺中的一种代表性工艺。在研究景泰蓝工艺时，需要对其历史和传承进行分类，包括其起源、发展历程、流派特点等元素。这些文化元素可以帮助设计师了解景泰蓝工艺的渊源和发展历程，从而在文创产品设计中运用相关元素，使得产品更具历史感和文化底蕴。设计师可以将景泰蓝工艺的历史和传承运用到文创产品中，设计出具有历史感和文化内涵的工艺品，例如，可以设计出以历史文物为主题的景泰蓝工艺珠宝，如"古玉玺""兽纹首饰"等。

（2）制作工艺：景泰蓝工艺是一种填充式珐琅工艺，具有独特的制作工艺。设计师在研究景泰蓝工艺时，深入了解包括剪、折、嵌、烧、磨等多个环节的制作流程和技艺要点等，以便在文创产品设计中运用相关元素，使得产品更具工艺美感和文化底蕴。例如，可以设计出具有艺术性和实用性的景泰蓝文具，如景泰蓝笔筒、印章、名片盒等。

（3）设计和题材：景泰蓝工艺的设计和题材是其艺术表现的重要组成部分。在研究景泰蓝工艺时，需要了解其图案和造型的特点、所表现的意象和寓意等元素，从而在文创产品设计中运用相关元素，使得产品更具艺术美感和文化内涵。如可以设计出描绘中国传统文化故事或神话传说的景泰蓝壁画、瓷板画等。

（4）流派和发展：景泰蓝工艺有着不同的流派和发展历程。在研究景泰蓝工艺时，需要对其流派和发展进行分类，包括不同地域和时期的景泰蓝工艺特点和发展变化等。这些文化元素可以帮助设计师了解不同流派和时期景泰蓝工艺的特点和发展历程，从而在文创产品设计中运用相关元素，使得产品更具地域特色和历史感。如可以设计出以不同地域景泰蓝工艺为主题的工艺品，以景德镇景泰蓝工艺为主题的茶具、餐具等。

2.筛选

在对传统文化元素进行分类之后，需要对文化元素进行筛选，以便挑选出与设计主题相关、具有艺术表现力和现代审美感的文化元素。筛选文化元素是文创产品设计的重要步骤之一，是将传统文化元素应用于现代设计中的关键环节。下面以景泰蓝工艺为例，说明筛选文化元素的意义和方法，并举例文创产品设计。

（1）传统图案：景泰蓝工艺中的图案是其艺术表现的重要组成部分。在筛选传统图案时，需要挑选与设计主题相关的传统图案，以及具有艺术表现力和现代审美感的图案。设计师可以将景泰蓝工艺中的传统图案运用到文创产品中，设计出具有艺术美感和文化内涵的艺术品，例如，可以设计出以传统图案为主题的景泰蓝盘子、餐具等。

（2）器物造型：景泰蓝工艺中的器物造型也是其艺术表现的重要组成部分。在筛选器物造型时，需要挑选与设计主题相关的器物造型，以及具有艺术表现力和现代审美感的造型。设计师可以将景泰蓝工艺中的器物造型运用到文创产品中，设计出具有艺术美感和文化内涵的艺术品，如可以设计出以器物造型为主题的景泰蓝茶具、酒具等。

（3）色彩搭配：在筛选色彩搭配时，需要挑选与设计主题相关的色彩搭配，以及具有艺术表现力和现代审美感的色彩搭配。设计师可以将景泰蓝工艺中的色彩搭配运用到文创产品中，设计出具有艺术美感和文化内涵的艺术品，如可以设计出以色彩搭配为主题的景泰蓝饰品、首饰等。

（4）现代审美：在挑选传统文化元素时，需要考虑现代审美的因素，使文创产品更符合现代人的审美需求。设计师可以将景泰蓝工艺中的传统元素与现代审美相融合，设计出具有时代感和现代审美感的艺术品，如可以设计出将传统景泰蓝图案与现代流行元素相结合的景泰蓝手机壳、钱包等。

（三）深入解读和理解

在研究传统文化时，深入解读和理解文化元素的内涵和象征意义是非常重要的一步。传统文化中的很多元素和符号都具有深刻的文化内涵和象征意义，只有深入理解传统文化，才能更好地将其应用到文创产品设计中，创造出具有文化底蕴和现代感的文创作品。下面以中国传统文化中的太极图案为例，说明深入解读和理解文化元素的意义和方法。

（1）了解太极的哲学概念：太极是中国古代哲学中的重要概念之一，代表着宇宙中的两种对立面：阴和阳。在研究太极图案时，需要深入了解太极的哲学概念和内涵。

（2）解读太极图案的符号意义：太极图案是太极概念在图案中的具体表现形式，其符号意义需要进行深入的解读和理解。例如，太极图案中的黑白两色代表着阴阳的对立和统一，图案中的两个圆圈代表着宇宙的两个极点，旋转的方向则代表着阴阳的转化和变化。

（3）探索太极图案的艺术表现：太极图案作为一种艺术形式，具有独特的艺术表现方式。在进行太极图案的研究时，需要深入探索其艺术表现方式和特点，如构图、线条、色彩、形态等方面的艺术元素。

在深入解读和理解太极图案的文化元素后，可以将其应用到文创产品设计中。例如，将太极图案中的符号意义和艺术表现方式应用到家居、服装、装饰等设计中，打造出具有文化底蕴和现代感的文创作品。

（四）元素转换

元素转化是将传统文化元素进行创新和转化，以适应现代市场和消费者需求的重要步骤之一。在运用文化元素的基础上，设计师需要通过创新和转化来打破传统文化的局限性，创造出具有现代感和创意性的文创产品。下面以传统图案的转化为例，说明元素转化的意义和方法。

（1）传统图案的转化：在传统文化中，图案元素是非常丰富和多样化的。设计师可以将传统图案进行创新和转化，创造出具有现代感和创意性的图案元素，以适应现代市场和消费者需求。例如，可以将传统景泰蓝图案进行简化和变形，创造出现代化的平面设计元素或产品造型。

（2）元素转化的方法：元素转化需要设计师具有创新思维和创造力，可以通过以下方法进行：

①图案简化：将传统图案进行简化，突出其核心元素和主题，使其更具有现代感和艺术美感。

②图案变形：将传统图案进行变形和组合，创造出新的图案元素，以适应现代市场和消费者需求。

③图案应用：将传统图案应用于不同的产品设计中，如家居用品、服装设计、首饰设计等，以创造出具有文化底蕴和现代感的文创产品。

（五）整合文化与运用元素

1. 整合文化元素

将筛选出的文化元素进行整合、融合，创造出新的文化元素。例如，将传统文化元素与现代元素进行融合，创造出具有现代感的文化元素。下面将说明整合文化元素的意义和方法。

（1）传统文化元素与现代元素的融合：在整合文化元素时，可以将传统文化元素与现代元素进行融合，以创造出具有现代感和文化内涵的新文化元素。这种融合可以体现出传统文化元素与现代文化的相互交融和共存，创造出更具时代感和创新性的文创产品。设计师可以将传统景泰蓝工艺中的传统图案与现代流行元素相结合，创造出具有现代感和文化内涵的艺术品，例如可以设计出以传统景泰蓝图案为主题的时尚手袋、鞋子等。

（2）文化元素之间的融合：在整合文化元素时，也可以将不同的传统文化元素进行融合，以创造出具有新意和创意性的文化元素。这种融合可以使不同文化元素相互补充和协调，从而创造出更具艺术美感和文化内涵的文创产品。设计师可以将传统景泰蓝工艺中的器物造型与传统民间艺术中的图案相结合，创造出具有新意和创意性的艺术品，例如可以设计出以器物造型和民间艺术图案为主题的景泰蓝艺术品。

（3）不同文化元素的跨界融合：在整合文化元素时，也可以将不同文化领域的元素进行跨界融合，创造出具有跨越文化边界和跨领域艺术特点的文创产品。设计师可以将传统景泰蓝工艺中的色彩和造型与当代艺术中的抽象表现相结合，创造出具有跨越文化边界和跨领域艺术特点的艺术品，例如可以设计出以景泰蓝工艺和当代艺术为主题的现代艺术品。

2. 运用文化元素

运用文化元素是将传统文化元素应用于文创产品设计中的关键步骤之一。在整合文化元素后，设计师需要将其应用到文创产品设计中，以创造出具有文化内涵和现代审美感的产品。下面以服装、家居和首饰设计为例，说明运用文化元素的意义和方法，并举例分析文创产品设计。

（1）服装设计中的运用：在服装设计中，可以将传统文化元素融入服装设计中，创造出具有文化内涵和时尚感的服装产品。设计师可以将传统景泰蓝工艺的图案应用于服装设计中，创造出具有艺术美感和文化内涵的服装，例如，可以设计出以景泰蓝图案为主题的现代中式连衣裙、上衣等。

（2）家居设计中的运用：在家居设计中，可以将传统文化元素应用于家居产品的图案、造型、色彩等方面，创造出具有文化底蕴和现代感的家居产品。可以将传统文化元素应用于家居用品的图案、花纹、线条等方面，以达到将传统文化与现代生活相融合的效果。例如，可以设计出以景泰蓝图案为主题的陶瓷茶具、装饰画等。

（3）首饰设计中的运用：在首饰设计中，可以将传统文化元素应用于首饰的图案、造型、材质等方面，创造出具有文化底蕴和时尚感的首饰产品。设计师可以将传统文化元素应用于首饰的图案、细节处理等方面，以达到将传统文化与现代时尚相融合的效果。例如，可以设计出以景泰蓝图案为主题的项链、耳环等。

二、传统文化元素的提取方法

文创产品设计中传统文化元素的提取方法较多，这里仅介绍几种以供学习者参考。

（1）历史与传承提取法：通过研究传统文化的历史与传承，提取其中代表性的元素。例如，在设计具有古典文化气息的礼品时，可以选择以汉唐文化为主题，并提取其中的装饰图案和色彩搭配。

（2）象征意义提取法：通过研究传统文化中的象征意义，提取其中能够表达主题的元素。例如，在设计一款生肖系列文创产品时，可以提取不同生肖的象征意义，如鼠年代表着聪明和机智，牛年代表着坚韧和勤劳，虎年代表着勇气和力量等。

（3）艺术表现方式提取法：通过研究传统文化的艺术表现方式，提取其中适合表达主题的元素。例如，在设计一款中国风的文具套装时，可以提取中国书法、国画等艺术表现方式的元素，如山水、花鸟等题材。

（4）区域特色提取法：通过研究不同区域的传统文化，提取其中代表性的元素。例如，在设计一款以中国西北地区为主题的文创产品时，可以提取西北地区传统元素，如秦腔、陶瓷、绣品等，以表现西北地区独特的文化风貌。

（5）行业特点提取法：通过研究不同行业的传统文化，提取其中适合表达主题的元素。例如，在设计一款以茶文化为主题的文创产品时，可以提取茶文化中的茶道、茶艺、茶具等元素，以表现茶文化的独特魅力。

（6）民俗文化特点提取法：通过研究不同地区的民俗文化，提取其中具有代表性的元素。例如，在设计一款以中国传统婚礼为主题的文创产品时，可以提取不同地区婚礼中的习俗、礼仪、祝福等元素，以表现中国传统婚礼的丰富多彩。

（7）哲学思想提取法：通过研究传统文化中的哲学思想，提取其中适合表达主题的元素。例如，在设计一款以"和谐"为主题的文创产品时，可以提取儒家文化中的"和谐"思想，以表现中华文明的人文精神，并采用现代设计理念进行融合和创新，创造出具有现代感和文化内涵的文创产品。

　　总之，文创产品设计中对传统文化元素的提取方法较多，它需要设计师有深入的文化研究和创新思维，以将传统文化元素运用到现代产品设计中，创造出具有文化底蕴和现代感的文创产品。不同的提取方法可以相互结合，以得到更具创意性和实用性的设计作品。

第二节　传统文化符号的再现与文创产品设计表达

一、传统文化符号的释义及在文创产品设计中的作用

　　传统文化符号是传统文化的重要组成部分，它们承载了传统文化的价值观念、历史文化传承和审美理念等方面的精华。在文创产业中，设计师可以通过再现传统文化符号，将传统文化的精髓融入现代设计中，创造出具有文化内涵和现代审美感的文创产品。

　　在设计过程中，设计师需要深入了解传统文化符号所代表的意义和象征，以确保再现的传统文化符号能够准确地表达设计主题和文化精神。

　　通过再现传统文化符号，文创产业可以获得多重效益。首先，再现传统文化符号可以保护和传承传统文化，继承和发扬传统文化的精髓。其次，再现传统文化符号可以提高文化产品的附加值，增加文化产品的市场竞争力。最后，再现传统文化符号可以促进文创产业的创新和发展，推动文化产业的转型升级。

二、传统文化符号再现的表现形式

（一）符号的直接再现

符号的直接再现是一种直接将传统文化符号或图案等元素运用到文创产品设计中的方法，它能够很好地表现传统文化的特点和魅力，具有直观、明显的传达效果。设计师可以通过挑选传统文化中的具有代表性的符号和图案，将其直接运用到文创产品设计中，营造出浓郁的文化氛围和风格。

以服装文创设计为例，将传统的云龙图案运用到服装设计中，可以创造出具有东方传统美感的时装产品。设计师可以在衣服的胸前、肩膀、袖口等位置运用云龙图案，以突出设计主题和文化内涵。云龙图案是传统文化中的重要元素，具有祥瑞、吉祥的寓意，因此可以用于喜庆、祈福、庆典等场合的服装设计中。

另外，符号的直接再现也可以应用于文创产品的设计中。例如，将传统文化中的中国结图案运用到手工艺品或礼品设计中，营造出中国传统文化的氛围和魅力。设计师可以通过选用不同材质、颜色等元素，将中国结图案呈现出不同的风格和效果，以满足不同消费者的需求和口味。

总之，符号的直接再现可以让传统文化符号得到充分的表达和展示，同时也可以通过创新设计的方式，将传统文化符号与现代设计相融合，为文创产业带来新的发展机遇。

（二）符号的变形再现

符号的变形再现是一种将传统文化符号进行创新和变形，以适应现代审美和设计需求的方法。传统文化符号具有深厚的文化内涵和历史意义，但是在现代设计中，单纯的符号直接再现可能无法满足现代审美和设计需求，因此需要通过符号的变形再现来创新设计。

以传统戏曲文创服装设计为例，设计师可以将传统戏曲角色的服饰元素进行提取和创新，营造出具有现代感的戏曲时尚服装。设计师可以选用传统戏曲服饰中的龙凤图案、金线、流苏等元素，将其运用到现代服装设计中，创造出具有传统文化底蕴和现代时尚感的服装。

另外，符号的变形再现也可以应用于文创产品的设计中。例如，将传统文化中的剪纸元素进行变形和组合，创造出具有现代感的剪纸艺术品或文创产品。设计师可以将传统的剪纸图案进行变形和组合，创造出新的图案和形式，以表现出现代审美和设计趋势。

总之，通过符号的变形再现，设计师可以将传统文化符号进行创新和变革，创造出具有文化内涵和现代感的文创产品，推动文创产业的发展。

（三）符号的象征再现

符号的象征再现是通过符号所代表的意义和象征来表达文化内涵和设计主题的方法。符号的象征意义往往是通过历史和文化的长期积淀和传承形成的，它们具有代表性和象征性，能够表达出深刻的文化内涵和情感寓意。

例如，将传统文化中的"龙凤"元素用于结婚礼品设计中，可以表达吉祥和美好的祝福。在传统文化中，"龙凤"代表着皇家尊贵和吉祥如意的寓意，因此将其运用到结婚礼品设计中，可以表达对新人的美好祝福和美满的婚姻生活愿望。

另外，符号的象征再现也可以应用于文创产品的设计中。例如，将传统文化中的"牡丹花"元素用于化妆品包装设计中，以表达美丽和高贵的象征。

总之，符号的象征再现是一种通过符号所代表的意义和象征来表达文化内涵和设计主题的创新设计方法。通过符号的象征再现，设计师可以将传统文化的象征意义与现代设计相结合，创造出具有深刻文化内涵和现代审美感的文创产品，推动文创产业的发展。

三、传统文化符号的再现方式

传统文化符号的再现在文创产品设计表达中扮演了非常重要的角色。通过再现传统文化符号，设计师可以传递出文化的历史、价值、精神，同时也可以满足现代人的审美需求。下面是传统文化符号再现的方式。

（一）传统文化绘画元素的再现

传统文化绘画元素是传统文化中具有代表性和特殊意义的艺术元素，如山水画、花鸟画、人物画等。在文创产品设计中，设计师可以通过运用传统文化绘画元素，将传统文化与现代审美相结合，创造出具有文化内涵和现代美感的产品。设计师可以将传统花鸟画作为设计灵感，将花鸟元素运用到文创产品设计中。例如，在家居设计中，可以将花鸟画中的花卉、鸟类、昆虫等元素运用到花瓶、挂画、装饰品等设计中，创造出具有花鸟画风格的现代家居产品。在服装设计中，可以将花鸟元素运用到服装的图案、刺绣、印花等方面，创造出具有东方美感的现代时装。

以下是一些具有代表性的文创产品，它们成功地将传统文化绘画元素进行再现。

（1）织锦团扇。织锦团扇是中国传统文化中的一种扇子，它以锦绣缤纷的花鸟和山水图案为主要设计元素。现代设计师将传统的织锦团扇元素融入现代化的折叠式团扇设计中，使之成为时尚、实用的文创产品。

（2）山水盘。山水盘是一种传统的陶瓷器具，具有独特的东方美学和文化内涵。现代设计师在传承传统技艺的同时，将山水画的元素融入陶瓷器具的设计中，创造出具有现代美感的山水盘。

（3）龙纹翡翠饰品。龙纹翡翠饰品将中国传统文化中的龙元素与翡翠这一具有特殊文化内涵和价值的宝石相结合，创造出富有东方韵味和现代美感的文创产品，具有独特的艺术价值和收藏价值。

这些产品成功地将传统文化绘画元素进行再现，并赋予其现代化的审美意义和生活意义。这些产品的创意和设计不仅传承了传统文化，还在现代社会中具有一定的市场和消费价值。

（二）传统文化器物元素的再现

传统文化器物元素是指传统文化中具有特殊象征意义和文化内涵的器物、图案、符号等元素，如青花瓷、紫砂壶、佛像、宝剑等。设计师可以将这些元素运用到文创产品设计中，以表达文化内涵和现代美感。

在传统文化器物元素的再现中，设计师可以选择将其直接运用到产品设计中，或进行创新和变形，以适应现代审美和设计需求。在家居设计中，设计师可以将传统文化器物元素运用到家居饰品中，创造出具有东方古典美感的饰品。例如，将青花瓷的图案运用到花瓶、茶具等家居用品中，以表现出传统文化的内涵和优雅。

又如设计师可以将传统文化器物元素运用到一个茶具系列的设计中。

首先，设计师需要进行文化研究和素材选择，选择具有代表性的传统文化器物元素，如青花瓷、紫砂壶等。通过对这些元素进行分类、筛选和创新，设计师可以创造出具有现代美感和文化内涵的茶具元素。

接着，设计师可以将这些元素提取到茶具设计中，例如将青花瓷的图案运用到茶杯和茶壶上，将紫砂壶的形态和质感运用到茶壶的设计中。同时，设计师也可以进行创新和变形，将传统茶具元素与现代工艺相结合，运用3D打印技术打造出具有独特造型和细节的茶具。

最后，设计师再将茶具设计融入文化中，例如将传统文化元素与茶文化相融合，将茶文化中的品茶仪式和传统器物元素相结合，创造出具有深厚文化内涵和现代美感的茶具系列。这样的文创产品可以吸引具有文化底蕴和现代审美需求的消费者，具有一定的市场潜力和竞争力。

（三）传统文化节日元素的再现

传统文化节日元素是指传统文化中与节日相关的元素和符号，它是表达节日祝福和意义的重要方式之一。在节日礼品设计中，设计师可以选择合适的传统文化节日元素来表达节日的祝福和意义。例如，春节是中国最重要的传统节日之一，红色和喜庆是春节的代表色彩。设计师可以将传统文化节日元素融入春节礼品设计中，如红包、剪纸、灯笼等，以创造出具有文化内涵和现代美感的春节礼品。这些礼品不仅具有传统文化的魅力和意义，还能够传递节日的喜庆和祝福，成为人们在节日期间表达感情的一种方式。

以下是一些传统文化节日元素再现的文创产品设计示例。

（1）春节红包：将传统的红色纸钱包装成现代的信封式红包，并在红包上加上吉祥图案和祝福语，以表达春节的祝福和吉祥。

（2）元宵灯笼：将传统的元宵灯笼进行现代化的设计，加入新的材质和图案，使其具有更加现代的美感，但依旧能够表达传统节日的意义。

（3）中秋月饼礼盒：将传统的中秋节月饼包装成现代化的礼盒，加入传统的月饼图案和中秋节的象征物，如月亮和兔子，以表达中秋节的祝福和文化内涵。

（4）端午粽子礼盒：将传统的端午节粽子包装成现代化的礼盒，加入传统的粽子图案和端午节的象征物，如龙舟和艾草，以表达端午节的祝福和文化内涵。

这些文创产品设计将传统文化节日元素与现代化的设计理念相结合，既能够表达传统文化的内涵和魅力，又能够满足现代人的审美需求，成为一种具有文化价值和商业价值的产品。

（四）传统文化建筑元素的再现

传统文化建筑元素是传统文化中具有特殊象征意义和文化内涵的建筑元素，如屋檐、斗拱、雕刻、花窗等。在文创产品设计中，将传统文化建筑元素运用到文创产品设计中，可以传达文化的精神和价值，同时也能够满足现代人的审美需求，成为一种具有文化价值和商业价值的产品。

下面是一些以传统文化建筑元素为基础的创意产品设计示例。

（1）拱门灯具：以中国古代建筑拱门的形态为灵感，设计出一款独特的台灯或吊灯。拱门的优美曲线可以成为灯具的主要特点，同时可以融入一些传统雕刻图案，如云纹、龙凤等，为现代家居增添一份古典韵味。

（2）窗花手机支架：利用中国古建筑中常见的窗花图案设计手机支架，

将复杂精致的窗花图案简化，呈现出现代感十足的产品。这种设计既体现了传统文化的美感，又具有实用功能。

（3）回廊书架：以中国园林建筑中的回廊为创意元素，设计一款具有中国特色的书架。回廊的弧形结构可以巧妙地运用在书架的层架之间，增加书架的立体感和艺术性。

（4）砖雕鼠标垫：将中国古建筑中的砖雕图案融入鼠标垫设计中，通过现代印刷技术呈现出砖雕的质感和立体感。这种鼠标垫既能满足日常办公需求，也具有较高的艺术价值。

（5）屋顶瓦片茶具：以中国传统建筑的瓦片为设计灵感，创作出一套别具一格的茶具。瓦片的形状和纹饰可以用于茶壶、茶杯等茶具的外观设计，将传统建筑元素与茶文化巧妙融合。

（6）斗拱衣架：以古代建筑中的斗拱结构为创意，设计一款实用且充满艺术感的衣架。衣架的承重部分可以模仿斗拱的形状，增强产品的稳定性和承重能力。

通过将传统文化建筑元素融入现代产品设计中，不仅可以传承和弘扬传统文化，还能为消费者带来独特的审美体验。

第三节　传统文化情感的传达与文创产品设计表现

一、传统文化情感传达的重要性

传统文化情感传达是指在设计或创作过程中，将某一地区或民族的传统文化元素与现代审美和情感相结合，使之在新的作品或产品中传递给观众或消费者。在文创产品设计中，传统文化情感的传达至关重要。设计师需要深入挖掘传统文化的内涵，将情感和故事融入设计，从而让消费者在使用产品的过程中感受到文化的魅力。

传统文化情感传达在文创产品设计中的重要性体现在以下几个方面。

（1）传承文化：通过将传统文化元素融入现代产品设计，可以有效地传承和发扬这些文化，让更多人了解和认识它们。这有助于保护和弘扬民族文化，使其在现代社会得以继续流传。

（2）提高产品吸引力：独特的传统文化元素往往具有较高的审美价值和文化内涵。将这些元素融入文创产品设计中，可以提高产品的吸引力，使消费者更愿意购买和使用。

（3）增加产品价值：传统文化元素往往具有丰富的故事背景和深厚的历史底蕴。将这些元素与现代设计相结合，可以为产品赋予更多的文化价值，使其不仅仅是一件商品，而是承载着文化内涵的艺术品。

（4）强化品牌形象：运用传统文化情感传达的产品设计可以为品牌创造独特的形象，使其在众多竞争对手中脱颖而出。这有助于提高品牌知名度和美誉度，从而增强品牌的竞争力。

（5）促进文化交流：将不同地区或民族的传统文化元素融入文创产品设计中，可以促进不同文化之间的交流与碰撞。这有助于拓宽人们的视野，增进对各种文化的了解和尊重。

二、传统文化情感的传达方法

（一）提炼出关键的情感元素

设计师应该深入了解传统文化的起源、发展、特点和价值观，从中提炼出关键的情感元素。这些情感元素可以是某个历史故事、民间传说、神话等，能够激发消费者的共鸣，使消费者更容易接受和喜欢这些产品。以下是几个具体的例子。

（1）故事情感元素：中国的"牛郎织女"传说，在文创产品设计中可以将这个故事中的爱情、忠诚、勇敢等情感元素融入其中，如设计情侣装、家居用品、情侣首饰等，以此传递出对爱情的美好向往。

（2）艺术情感元素：在文创产品设计中可以将剪纸的优美线条和象征吉祥、喜庆的图案运用到包装设计、家居饰品、服饰等产品上，让消费者感受到中国传统艺术的韵味。

（3）宗教情感元素：以藏传佛教为例，在设计中可以将经幡、佛像、曼陀罗等具有宗教意义的元素融入香炉、挂饰、书籍封面等产品中，让消费者在使用这些产品时感受到宗教信仰带来的庄严与祥和。

（4）地域情感元素：在设计辣椒相关的食品包装、餐具、厨房用品等产品时，可以运用四川特色的火锅、串串等元素，以及辣椒红色等象征辣味的颜色，传达出四川辣椒文化的独特魅力。

（5）民间传统节日情感元素：在文创产品设计中可以运用月亮、兔子、灯笼等与中秋节相关的元素，设计月饼礼盒、灯笼、月饼模具等产品，传达出团圆、祝福的美好情感。

（6）自然情感元素：在文创产品设计中可以运用山水画的元素，如山峰、流水、亭台等，设计墨宝、摆件、挂画等产品。这样的设计可以让消费者感受到大自然的美好和人与自然的和谐，从而产生对传统山水文化的向往与敬意。

（7）节气情感元素：以中国二十四节气为例，在文创产品设计中可以将与节气相关的农耕、气候、食材等元素融入其中。例如，设计一套与二十四节气相关的日历、明信片、插画等，让消费者在使用这些产品的过程中，更加了解和关注传统节气文化。

（8）传统音乐情感元素：例如中国的京剧、民族音乐等，在文创产品设计中可以运用音乐的旋律、乐器、演出场景等元素，设计音乐盒、CD封面、海报等。这样的设计可以让消费者更加了解和欣赏传统音乐的美感，从而产生对传统音乐文化的喜爱。

（9）历史人物情感元素：以中国的历史人物为例，在文创产品设计中可以运用这些人物的形象、故事、名言等元素。例如，设计一套关于诸葛亮、孙子等历史名将的书签、笔记本、纪念章等，让消费者在使用这些产品时能够感受到历史人物的智慧和勇气。

通过提炼关键情感元素并将其融入文创产品设计，可以使这些产品具有更高的情感价值和文化内涵。这不仅有助于吸引消费者，还有助于传承和发扬传统文化，让更多人了解和欣赏这些丰富多彩的文化遗产。

（二）把握主题与情感

在文创产品设计中，把握主题与情感至关重要。设计师需要明确产品所要传达的主题与情感，如忠诚、爱情、勇敢等，并通过恰当的设计手法、色彩搭配和材质选择来传达相应的情感氛围。这样，消费者在使用这些产品时会产生共鸣，从而更容易接受和喜欢这些产品。以下是几个具体的例子。

（1）忠诚主题：以中国的三国时期为背景，设计一款关于忠诚的手办或公仔，如关羽、赵云等人物形象。通过他们的故事，传达出忠诚的价值观。设计师可以运用生动的人物造型、细腻的面部表情和丰富的色彩来表现这种忠诚精神。

（2）爱情主题：以中国古典爱情故事《红楼梦》为背景，设计一款贾宝玉与林黛玉的情侣项链。运用精美的金属材质、精细的雕刻工艺和柔美的曲线，将这对经典情侣的爱情故事传达给消费者，让他们感受到爱情的美好与浪漫。

（3）勇敢主题：以中国神话故事中的孙悟空为主题，设计一款勇敢主题的T恤或者帽子。运用鲜艳的色彩、动感的线条和大胆的图案，展现孙悟空无畏、勇敢的形象，激发消费者面对困难时的勇气和斗志。

（4）和谐主题：以中国的五行（金、木、水、火、土）为主题，设计一套家居饰品。通过运用与五行相对应的颜色、形状和材质，表现出自然界的和谐与平衡。这种设计可以让消费者在使用这些产品时感受到宁静与和谐的氛围。

（5）创新主题：以中国的四大发明（造纸术、火药、印刷术、指南针）为主题，设计一套文具套装。运用现代设计手法，结合传统元素，展现出古代发明家的智慧与创新精神。这样的设计可以激发消费者的创造力与求知欲。

（6）团圆主题：以中国传统佳节如中秋、春节为背景，设计一款家庭聚会用品，如月饼盒、对联、福字贴纸等。通过运用温馨的色彩、充满喜庆的图案和亲切的文字，传递出家人团圆、和睦相处的美好情感，让消费者在使用这些产品时充满幸福感。

（7）友谊主题：以中国古代名士相知相交的故事为主题，设计一套友谊手链或挂饰。采用古典的铜器、玉器等材质，结合精致的线条和典雅的图案，表现出友谊的珍贵与长久。这样的设计可以让消费者在赠送或佩戴这些产品时，感受到友谊的温暖和力量。

（8）冒险主题：以中国古代丝绸之路为背景，设计一款旅行用品，如背包、地图、指南针等。通过运用充满历史感的色彩、大胆的设计风格和实用的功能，展现出古代商人探险、勇敢前行的精神。这样的设计可以激发消费者的探险热情和追求梦想的勇气。

（9）勤劳主题：以中国传统手工业为主题，设计一套勤劳致富的装饰品，如刺绣布画、竹编挂件、泥塑公仔等。通过运用丰富的手工技艺、精美的图案和生动的形象，表现出勤劳者的智慧与毅力。这样的设计可以激励消费者珍惜劳动成果，勤奋进取。

（三）故事化表现

将传统文化中的故事元素融入产品设计中，可以让消费者在使用产品的同时感受到故事的魅力。这种故事化表现方式可以帮助消费者更好地理解和欣赏传统文化，同时也增加了产品的情感价值。设计师可以通过插画、文字、形状等手法将故事表现在产品中，让产品具有更丰富的情感内涵。以下是一些具体的例子。

（1）书籍插画：以中国古典名著《西游记》为例，设计师可以为书籍创作插画，将故事中的经典场景、人物形象以及神话传说生动地呈现出来。这样的插画可以让读者在阅读过程中更加沉浸于故事情节，感受到故事的魅力。

（2）文具套装：以中国传统民间故事《牡丹亭》为主题，设计一套文具套装，包括笔记本、书签、信纸等。设计师可以运用插画、文字等手法将故事中的角色、场景和情节表现在产品上，让消费者在使用这些文具时，感受到故事的美感与情感。

（3）服饰设计：以中国古代传说中的"七仙女下凡"的故事为主题，设计一款女式丝巾。设计师可以将故事中的仙女形象、祥云、玉兔等元素通过图案、色彩和线条展现出来，让消费者在佩戴丝巾时感受到故事的浪漫与神秘。

（4）家居饰品：以中国民间故事《白蛇传》为主题，设计一款茶具。设计师可以将故事中的白蛇、青蛇、法海和雷峰塔等元素融入茶具的形状、纹饰和色彩中，让消费者在品茶时能够感受到故事的传奇与感人。

（5）玩具设计：以中国历史人物关羽为主题，设计一款动作公仔。设计师可以运用故事中的经典场景，如关羽渡江斩敌、千里走单骑等，为公仔创造丰富的动作造型和场景配件。这样的设计可以让消费者在玩耍时更加了解关羽的英勇事迹，感受到故事的魅力。

（6）手工艺品：以中国古代神话故事"女娲补天"为主题，设计一款陶瓷装饰品。设计师可以运用故事中的元素，如女娲、神石、五彩祥云等，将其巧妙地融入陶瓷装饰品的形状、纹饰和色彩中。这样的设计可以让消费者在欣赏手工艺品时感受到故事的神奇与美好。

（7）包装设计：以中国民间传说《嫦娥奔月》为主题，设计一款月饼礼盒。设计师可以将故事中的嫦娥、玉兔、桂树等元素通过插画、色彩和文字表现在包装上，让消费者在购买月饼时感受到故事的浪漫与寓意。

（8）灯具设计：以中国古代传说中的神兽凤凰为主题，设计一款吊灯。设计师可以将凤凰的形象、羽毛、尾巴等元素融入吊灯的造型、材质和光影中，让消费者在欣赏灯具时能够感受到故事的神秘与高贵。

（9）数字艺术：以中国古典小说《红楼梦》为主题，设计一款手机壁纸或屏保。设计师可以将故事中的人物、梦幻之景等元素通过数字艺术表现出来，让消费者在使用手机时能够感受到故事的美感与意境。

（10）旅游纪念品：以中国历史名胜故事为主题，设计一系列旅游纪念品，如钥匙扣、冰箱贴、明信片等。设计师可以将故事中的人物、建筑、风景等元素巧妙地表现在纪念品上，让消费者在旅行时能够更深入地了解这些故事背后的文化内涵。

（四）色彩搭配与情感传达

色彩在情感传达中起着至关重要的作用。设计师可以运用传统文化中的代表性色彩（如红色、蓝色、绿色等）来表达特定的情感和氛围。合理的色彩搭配能够让产品更具视觉冲击力，进而引发消费者的情感共鸣。以下是一些具体的例子。

（1）新年伴手礼：以红色为主色调，融入金色、白色等点缀，表达出中国传统新年的喜庆、热闹氛围。设计师可以运用这些色彩来制作新年伴手礼，让消费者在给亲朋好友送上祝福时感受到浓厚的节日氛围。

（2）传统服饰：以中国古代宫廷为背景，设计一款汉服或旗袍。运用宫廷的代表性色彩如黄色、蓝色、翠绿等，表现出皇家的尊贵与权威。这样的色彩搭配可以让消费者在穿着传统服饰时感受到中国古代宫廷的情感气氛。

（3）食品包装：以中国传统糕点为主题，设计糕点包装盒。运用传统节令色彩如中秋节的月白、端午节的浅绿等，表现出节日的氛围与寓意。这样的色彩搭配可以让消费者在品尝糕点时更加感受到节日的喜悦与温馨。

（4）家居饰品：以中国传统民间花纹为主题，设计一款软装饰品。运用民间色彩如大红、土黄、湖蓝等，表现出浓郁的民间气息与温暖的家庭氛围。这样的色彩搭配可以让消费者在欣赏家居饰品时感受到传统文化情感的魅力。

（5）珠宝首饰：以中国传统玉器为主题，设计一款玉石首饰。运用各种玉石的自然色彩，如翠绿、墨玉、黄玉等，表现出大自然的美丽与和谐。这样的色彩搭配可以让消费者在佩戴珠宝首饰时更加领略中国玉器的独特情感韵味。

（6）文具设计：以中国古典诗词为主题，设计一款文具套装。运用古典诗词中的代表性色彩，如江南的水墨绿、西北的戈壁黄、江南水乡的宁静蓝等，表现出诗词中的意境与美感。这样的色彩搭配可以让消费者在使用文具时更加感受到中国古典诗词的情感韵味。

（7）旅游纪念品：以中国风景名胜为主题，设计一系列旅游纪念品，如钥匙扣、冰箱贴、明信片等。运用各地风景名胜的特色色彩，如桂林山水的碧绿、黄山的金黄、张家界的丹霞红等，表现出各地的地域特色与自然之美。这样的色彩搭配可以让消费者在旅行时更加深入地了解各地的风土人情。

（8）手工艺品：以中国传统剪纸艺术为主题，设计一款剪纸装饰品。运用剪纸艺术的代表性色彩如大红、黑色、金色等，表现出剪纸艺术的独特美感与寓意。这样的色彩搭配可以让消费者在欣赏手工艺品时感受到中国传统剪纸艺术的情感魅力。

（9）包装设计：以中国传统茶文化为主题，设计一款茶叶罐。运用茶文化的代表性色彩如绿茶的嫩绿、红茶的琥珀、普洱茶的深褐等，表现出茶叶的品质与口感。这样的色彩搭配可以让消费者在品尝茶叶时更加领略中国茶文化的精神内涵。

总之，通过合理的色彩搭配与情感传达，设计师可以让文创产品更具视觉冲击力，进而引发消费者的情感共鸣。值得注意的是，设计师在表现传统文化情感的同时，也需要注重产品的实用性。只有实用性与情感价值相结合的产品，才能让消费者在使用过程中更深入地感受到传统文化的魅力。

第四节　传统文化形式的转化与文创产品设计创新

一、文创产品设计创新中传统文化形式的转化意义

传统文化形式的转化是指在保留传统文化精髓的基础上，通过创新手法、现代科技、跨界融合等多种途径，将传统文化与现代社会相结合，使之焕发新的活力。这种转化有助于传统文化的传承、发展与创新。设计师在保留传统文化精髓的基础上，运用创新的设计手法，使文创产品具有独特的魅力和个性。

文创产品设计创新中，传统文化形式转化的意义主要体现在以下几个方面。

（1）传承与弘扬传统文化：传统文化形式的转化有助于传承和弘扬传统文化，让传统文化在现代社会得以延续。通过将传统文化融入文创产品设计，可以使更多人了解、认识和接触到传统文化，提高传统文化的影响力。

（2）满足现代消费者需求：在文创产品设计中，将传统文化与现代审美趋势相结合，可以满足现代消费者的审美需求。此外，运用现代科技手段将传统文化与现代生活相结合，可以提高文创产品的实用性和科技含量，满足现代消费者的功能性需求。

（3）提升文化软实力：在全球化背景下，文化软实力的提升成为各国竞争的重要方向。通过传统文化形式的转化，将传统文化融入文创产品设计，可以展示一个国家的历史底蕴、民族特色和文化底蕴，提升国家文化软实力。

（4）创造经济价值：将传统文化形式融入文创产品设计，可以创造更多的经济价值。文创产业作为现代经济的新兴产业，其市场潜力巨大。通过对传统文化形式的转化和创新，可以打造独特的、具有竞争力的文创产品，满足不同消费者的需求，从而推动文创产业的发展和经济增长。

（5）丰富多样化的文化体验：传统文化形式的转化可以为现代消费者提供更丰富、多样化的文化体验。通过将传统文化与现代设计、科技相结合，可以创造出独具特色的文创产品，为消费者带来全新的审美享受和文化体验。

（6）跨界融合与创新：传统文化形式的转化可以推动跨界融合与创新。通过与其他领域的合作，如时尚、艺术、音乐等，实现传统文化与现代设计的跨界融合，为文创产品创造更广阔的市场空间和发展机遇。

二、文创产品设计创新中传统文化形式的转化策略

（一）挖掘传统文化中的现代元素

在文创产品设计创新中，传统文化形式的转化策略之一是挖掘传统文化

中的现代元素。通过深入研究传统文化，找到其中与现代社会相契合的元素，并将这些元素融入产品设计中，可以使传统文化在现代社会中得到传承与发扬。以下是几个挖掘传统文化中现代元素的策略。

1. 分析现代社会需求

关注现代社会的发展趋势和消费者需求，找到传统文化元素与现代社会之间的共通点。例如，关注环保、可持续发展的理念，从传统文化中挖掘出与之相契合的元素，如传统手工艺、自然材料等。

（1）设计环保手提袋：在关注环保和可持续发展的理念下，设计师可以使用具有环保特性的传统材料，如棉布、麻布等，设计一款包含传统图案或元素的环保手提袋，既展示了对环保的关注，也体现了传统文化的魅力。例如，以中国传统蓝染技艺为基础，设计出一款蜡染图案的棉布环保手提袋。

（2）家具设计：关注可持续发展理念，设计师可以从传统文化中发掘适用于现代生活的自然材料和工艺，如竹编、藤编等。以这些材料和工艺为基础，设计出既具有传统韵味又符合现代审美和环保需求的家具，如竹编躺椅、藤编吊椅等。

（3）慢生活文创产品：现代社会越来越注重慢生活的理念，设计师可以从传统文化中挖掘与慢生活相契合的元素。例如，以中国传统茶文化为基础，设计一款便携茶具，让消费者在忙碌的生活中享受片刻宁静。

2. 保留传统元素的精髓

在挖掘传统文化中的现代元素时，要保留传统元素的精髓。通过对传统元素的重新解读和再创造，使其在现代产品设计中焕发新的生命力。

（1）新中式家具：在家具设计中，保留传统中式家具的精髓，如雕刻、结构、线条等，将其与现代简约风格相结合。例如，设计一款具有传统木雕花纹的现代实木茶几，既体现了传统中式家具的精髓，又适应了现代审美和居住环境。

（2）传统图案的现代运用：将传统图案（如吉祥纹样、民间图腾等）运用到现代设计中，保留其传统文化内涵。例如，设计一款以中国传统八宝图案为基础的手机壳，既保留了传统图案的精髓，又展现了现代设计的个性。

（3）传统文化元素的创意礼品：将传统文化元素（如书法、绘画、诗词等）与现代礼品相结合，保留传统文化的精髓。例如，设计一款以中国古代诗词为主题的台历，既弘扬了传统文化，又具有现代实用价值。

通过以上例子可以看出，在保留传统元素精髓的同时，对传统元素进行重新解读和再创造，能使传统文化在现代产品设计中焕发新的生命力。这样的文创产品不仅具有丰富的文化内涵，还能满足现代人的审美和实用需求。

3. 创新设计手法

运用创新的设计手法将传统文化中的现代元素表现出来，使其更具视觉冲击力和现代感。例如，通过插画、立体造型、动画等方式将传统元素呈现出来，让消费者能够更直观地感受到传统文化的魅力。以下是几个运用创新设计手法的文创产品设计实例。

（1）传统故事立体插画书：将中国古典文学名著，如《西游记》《红楼梦》等，通过立体插画的形式呈现，让读者在翻阅过程中更直观地感受到故事情节和人物形象。这种创新设计手法既保留了传统故事的精髓，又增加了趣味性和互动性。

（2）传统文化动画短片：以传统文化元素为基础，创作一系列动画短片，运用现代动画技术将民间传说、古代神话等传统故事以生动、形象的方式呈现给观众。这种设计手法既弘扬了传统文化，又让更多年轻观众产生兴趣。

（3）传统艺术现代衍生品：将传统艺术（如书法、绘画、版画等）运用到现代日常用品中，如手机壳、笔记本、杯子等。通过创新设计手法，如数码印刷、热转印等，让传统艺术更贴近现代生活，增加产品的实用性和艺术性。

（4）传统元素的虚拟现实体验：利用虚拟现实（VR）技术，将传统文化元素（如古建筑、传统工艺、民间艺术等）搬入虚拟空间。用户可以通过虚拟现实设备，身临其境地体验传统文化的魅力，从而增强对传统文化的认知和认同。

（5）传统文化主题游戏：开发以传统文化为背景的电子游戏，如角色扮演、解谜、模拟经营等类型。游戏中融入丰富的传统文化元素，如人物、故事、音乐等，让玩家在娱乐过程中，自然而然地感受到传统文化的魅力。

运用创新设计手法将传统文化中的现代元素表现出来，能够使文创产品更具视觉冲击力和现代感，让消费者更容易接受并欣赏。这样的设计既弘扬了传统文化，又符合现代审美需求，有助于传统文化的传承与发扬。

（二）结合现代审美

在保留传统文化特点的同时，结合现代审美趋势，为文创产品设计增添新颖的元素，可以使产品更具吸引力，满足现代消费者的需求。

在结合现代审美的过程中，设计师可以遵循以下几个策略。

1. 简化与抽象

在传统文化元素的表现上，设计师可以尝试对复杂的形象和图案进行简化和抽象，以适应现代审美的简约和现代风格。例如，将繁复的传统图案简化为几何形状和线条，使其更易于融入现代生活空间。以下是几个运用简化与抽象手法的文创产品设计实例。

（1）简化版青花瓷：青花瓷是中国传统陶瓷的代表之一，以其优雅的青花图案和白色瓷胎而著名。设计师可以将传统青花瓷上复杂的纹饰和图案简化为简洁的几何形状和线条，使之具有更强烈的现代审美感觉。这样的青花瓷既保留了传统元素，又适应了现代装饰审美的取向。

（2）抽象山水画：山水画是中国传统绘画的重要类型，以其对自然景观的精细描绘而著名。设计师可以将山水画中的山、水、树等元素进行简化和抽象，以简约的线条和形状表现出传统山水画的精神。这种简化版的山水画既具有传统艺术的韵味，又符合现代审美观念。

（3）简化版剪纸：剪纸是中国传统民间艺术的一种，通常以动物、花草、人物等形象为主题。设计师可以将复杂的剪纸图案简化为简洁的线条和几何形状，如用几何图形拼接出动物的形象。这样的剪纸作品既保留了传统剪纸的特点，又给人以现代感。

（4）简化版风筝：风筝是中国传统的民间玩具，以其独特的造型和丰富的图案而受到喜爱。设计师可以将传统风筝上的复杂图案简化为简约的线条和形状，使风筝具有更强烈的现代审美感。简化版风筝在保留传统元素的同时，更易于融入现代生活场景。

2.色彩运用

在保留传统色彩的基础上，可以加入一些现代流行的色彩元素，如渐变、撞色等，以提升产品的视觉效果和吸引力。同时，合理运用色彩对比和搭配，使产品更具现代感。

以下是几个使用色彩运用手法的文创产品设计实例。

（1）渐变式中国结：中国结是一种具有代表性的中国传统手工艺品，通常以红色为主色调。设计师可以在保留传统红色的基础上，尝试使用渐变色彩，如从红色过渡到橙色或粉色，使中国结更具视觉冲击力和现代感。

（2）撞色茶具：茶具是中国传统文化的重要载体。设计师可以在保留茶具的传统造型的同时，尝试运用撞色的设计手法，如将翠绿色与亮橙色、宝蓝色与金黄色等大胆搭配，使茶具更具现代审美。

（3）传统面具的现代色彩：面具作为一种传统文化元素，在保留其独特造型的同时，可以运用现代流行色彩进行创新。例如，将京剧脸谱中的传统色彩与时尚的色彩元素相结合，使面具更具吸引力。

（4）现代色彩的扇子设计：扇子作为中国传统文化的象征，可以尝试在设计中运用现代色彩元素。例如，将扇面上的传统图案与现代流行色彩相结合，或在扇骨上涂抹金属色彩，使扇子既具有传统韵味，又充满时尚感。

3.材质创新

传统文化中常使用的材质如布、竹、木等，可以与现代材料如金属、塑料、玻璃等相结合，打造具有传统特色和现代感的创意产品。例如，将传统漆器与现代金属材料结合，制作出具有独特质感的艺术品。

以下是几个运用材质创新手法的文创产品设计实例。

（1）现代布艺挂画：在保留传统布艺的基础上，结合现代数字印刷技术，将传统图案如山水画、花鸟图等印制在布艺挂画上。这种布艺挂画既保留了传统文化的韵味，又具有现代感。

（2）竹制灯具：将传统竹编技艺与现代灯具设计相结合，制作出具有传统特色和现代风格的灯具。例如，使用竹编的方式编制出灯罩，与现代金属或塑料底座相结合，打造出别具一格的家居照明产品。

（3）钛金属茶具：将传统茶具与现代金属材料相结合，如使用钛金属等材料制作茶壶、茶杯等茶具。这种钛金属茶具十分适合户外露营中使用，在保留传统茶具造型的同时，也兼具了现代感和时尚风格。

（4）竹丝扣陶瓷器皿：结合传统竹编工艺与陶瓷器皿，制作出具有独特质感和美观的生活制品。以陶瓷器皿为内胎，外面采用竹丝手工编织，竹丝既对陶瓷器皿起到保护作用，同时也具有独特的装饰效果，使产品既保留了传统文化特色，又展现出现代审美。

（5）玻璃陶瓷：结合传统陶瓷工艺与现代玻璃材料，制作出具有独特质感和美观的艺术品。如将传统蓝白瓷的图案印制在玻璃表面，或在陶瓷器皿中加入玻璃元素，使产品既保留了传统文化特色，又展现出现代审美。

4. 设计风格融合

在设计过程中，尝试将传统文化元素与现代设计风格（如极简、后现代等）相融合，形成具有独特个性的设计作品。这种融合方式可以让传统文化在现代社会中得到传承，同时提升产品的市场竞争力。例如可以设计一款文创家具，融合传统中式家具的线条和雕刻技巧，以及现代简约风格的色彩和材质。比如，可以采用传统的雕花和镂空工艺，但是使用现代材料，如钢材、亚克力等，让整个产品更加简洁、时尚、轻盈。同时，也可以通过色彩的运用，将传统的红、黑、金、绿等颜色与现代流行的灰、白、米、棕等中性色彩相结合，让产品更具现代感。这样的设计可以在保留传统文化的同时，给消费者带来全新的感受和体验，增加产品的吸引力和市场竞争力。此外，这样的设计还有助于传承和弘扬传统文化，让更多的人了解和认识中国传统文化。

5. 功能性与审美性兼顾

在设计文创产品时，要充分考虑产品的实用性，使其能够满足现代消费者的实际需求。同时，注重产品的审美表现，融合传统文化元素与现代审美趋势，使产品具有更高的附加价值。例如，可以设计一款文创照明灯具，结合传统文化元素和现代照明技术，兼具功能性和审美性。比如，可以采用传统的白瓷、木材、金属等材料，将传统文化元素融入灯具的设计中，使其具有浓郁的文化氛围；同时，结合现代的LED光源和控制技术，让灯具具有高效、节能、智能的特点。

在设计灯具的外观时，可以运用传统文化的图案、色彩和造型等元素，使其具有独特的审美魅力，引起消费者的关注和喜爱。此外，在功能性方面，可以采用智能控制系统，实现灯光的亮度、色温、光效等的可调节，满足消费者在不同场景下的照明需求。

这样的设计不仅能够满足现代消费者的实际需求，还能够引起他们对传统文化的关注和兴趣，增加产品的附加价值和市场竞争力。

（三）创新设计手法

创新设计手法是一种可以将传统文化与现代艺术形式结合的方法，通过对传统文化元素进行创新的设计表现，赋予传统文化以新的现代视觉体验，从而吸引更多消费者的注意。创新设计手法比较多，这里仅介绍两种以供参考。

1.数字艺术

数字艺术是一种利用计算机技术进行艺术创作的方式，通过数字化的手段将传统文化的元素进行重组和重新构思，使其呈现出独特的视觉效果。例如，利用数字绘画技术，将传统文化的图案和图像进行数字化处理，使其呈现出更加生动、绚丽、多样的视觉效果，从而吸引更多年轻人的关注和喜爱。

例如，设计一款文创手机壳，采用数字艺术的手法，将传统的中国水墨画风格与现代数字绘画技术相结合，创造出独特的视觉效果。可以选取传统的山水、花鸟等元素，通过数字绘画技术进行重组和重新构思，加入现代时尚的配色和流行元素，使其呈现出更加生动、绚丽、多样的效果。在设计手机壳的外观时，可以运用数字艺术的手法，采用线条简洁、色彩鲜艳、造型简单等现代元素，使手机壳更加符合年轻人的审美需求。同时，通过数字化的手段，可以将设计效果直接展示在手机壳上，实现个性化定制和快速生产。这样的设计不仅能够吸引年轻人的关注和喜爱，同时也具有一定的文化传承意义，让更多人了解和认识传统的中国水墨画文化，提高文化自信心。

2.立体造型

立体造型是一种将传统文化元素进行三维化表现的手法，通过立体化的形式使传统文化元素更具有现代感。例如，可以将传统文化的图案和造型进行立体化的表现，采用新材料、新工艺进行设计和生产，使其呈现出更加立体、逼真、时尚的效果，从而吸引更多消费者的关注和购买。

例如，可以设计一款文创雕塑，采用立体造型的手法，将传统文化元素进行三维化的表现，使其更具有现代感和时尚感。可以选择传统的龙、凤、狮子等图案和造型，通过3D打印、雕刻等现代工艺进行设计和生产，使其呈现出更加立体、逼真、精致的效果。在设计雕塑的外观时，可以运用现代的设计元素和新材料，比如不锈钢、亚克力等，与传统文化元素相结合，使其更加时尚、简洁、具有现代感。同时，通过多样化的造型和尺寸，满足不同消费者的审美需求和空间布置需求。这样的设计不仅能够吸引消费者的关注和购买，同时也具有一定的文化传承意义，让更多人了解和认识传统文化，提高文化自信心。同时，这种立体化的表现形式也可以应用到其他文创产品中，如家居装饰、珠宝首饰等，为传统文化注入新的时尚元素和生命力。

（四）结合现代科技

结合现代科技是一种将传统文化与现代科技相结合的方法，可以为文创产品带来更加多元化和实用化的设计表现，同时也增加产品的科技含量和市场竞争力。

1.智能家居

智能家居是一种将现代科技与传统家居进行结合的方式，通过智能化的设计和控制，实现家居生活的便捷和舒适。例如，可以将传统的中式屏风、窗帘等家居元素与智能控制技术相结合，通过智能化的设计和控制，实现屏风和窗帘的开关、调节、遥控等，让传统家居具有更多的智能化和便捷性。同时可以采用传统的木雕或玉雕技艺，将传统中式屏风的造型与现代科技相结合，使其在外观上既保留了传统文化的韵味，同时也符合现代人的审美需求。

2.可穿戴设备

可穿戴设备也是一种将现代科技与传统文化进行结合的方式，通过将传统文化元素融入可穿戴设备的设计中，实现传统文化与现代科技的融合。例如，可以设计一款基于传统文化图案和图腾的智能手表，选取具有代表性的中国文化元素等图案和纹饰，将其融入设计中，采用现代科技的材料和工艺进行设计和生产，使其既具有传统文化的内涵和魅力，又具有现代科技的功能和实用性。

在功能方面，可以采用智能化的技术，实现手环或手表的健康监测、运动追踪、消息提醒等多种功能，满足现代人的生活需求。同时，通过将传统文化元素融入手表的设计中，也可以让用户感受到传统文化的内涵和魅力，提高文化认知度和自信心。

这样的设计不仅能够吸引消费者的关注和购买，还有助于推广传统文化和提高文化认知度和自信心。同时，也能给消费者带来全新的视觉和使用体验，提高产品的附加价值和市场竞争力。

（五）跨界合作

跨界合作是指与其他领域进行合作，实现跨界融合的设计。通过与时尚、艺术、音乐等领域的合作，将传统文化元素融入现代设计中，拓宽文创产品的市场范围，提高产品的附加价值和市场竞争力。

例如，可以与时尚领域的设计师合作，将传统文化元素融入时尚设计中，实现跨界融合。比如，可以将传统的刺绣、织锦等技艺应用到服装、鞋履等时尚单品中，结合现代的材料和工艺进行设计和生产，使其兼具传统文化和现代时尚的特点。通过跨界合作，可以将传统文化的内涵和韵味与现代时尚的风格和趋势相结合，满足现代人的审美需求和消费习惯。

　　另外，也可以与艺术领域的设计师合作，将传统文化元素融入艺术品的设计中，实现跨界融合。例如，可以将传统文化的图案、造型等元素融入绘画、雕塑等艺术品的设计中，通过现代的艺术表现方式和材料进行创新和呈现，使其兼具传统文化和现代艺术的特点。通过跨界合作，可以让更多人了解和认识传统文化的内涵和魅力，提高文化自信心和认知度。

　　还可以与音乐领域的音乐人合作，将传统文化元素融入音乐作品的设计中，实现跨界融合。例如，可以将传统音乐元素、器乐等融入现代音乐作品中，创作出兼具传统文化和现代音乐特点的音乐作品，拓宽文创产品的市场范围，提高产品的附加价值和市场竞争力。

（六）品牌建设与传播

　　品牌建设与传播是将传统文化特点与现代市场需求相结合，打造具有独特个性的品牌形象，并通过各种传播渠道进行传播和推广。通过品牌建设与传播，可以提高文创产品的知名度和影响力，扩大市场份额，提高产品的市场竞争力。

　　例如，可以打造一款基于传统文化元素的文创品牌，如传统文化主题手账、文创衍生品等，通过打造独特的品牌形象，包括标志、口号、形象等，营造出与传统文化相匹配的品牌氛围和风格。同时，通过各种传播渠道，如互联网、社交媒体、线下宣传等，将品牌形象和产品推广给消费者，提高产品的知名度和影响力，增加市场销售额。

　　另外，也可以通过合作打造跨界品牌，将传统文化元素融入其他领域的品牌中，实现跨界融合和品牌传播的双重效果。例如，可以与时尚、艺术、音乐等领域的品牌合作，将传统文化元素融入品牌设计中，实现品牌形象的创新和跨界合作的双重效果。通过这样的品牌合作，不仅可以拓宽文创产品的市场范围，还可以提高品牌的知名度和影响力，增加市场销售额。

　　综上所述，通过传统文化形式的转化与文创产品的设计创新，设计师可以将传统文化的精髓与现代设计理念相结合，创造出具有独特魅力和个性的文创产品。这将有助于传统文化的传承与发展，同时也为现代消费者提供更丰富、多样的文化体验。

第四章　传统元素在文创产品设计要素中的体现

　　在文创产品中，文化元素的应用是至关重要的，它不仅可以为产品赋予独特的文化特色，还可以使产品更具有艺术价值和审美魅力。其中，传统元素是一种重要的文化元素，它具有深厚的历史底蕴和独特的文化价值，被广泛应用于文创产品的设计和制作中。在文创产品中，各设计要素非常重要，它们不仅能够传递产品的信息和特点，还可以体现产品的文化内涵和品牌形象。因此，本章主要围绕传统元素在文创产品设计要素中的体现展开论述。

第一节　传统元素在文创产品文字设计中的体现

在论述传统元素在文创产品文字设计中的体现前，需要先了解文创产品设计中文字的设计原则。

一、传统元素在文创产品文字设计中的使用原则

文创产品的文字设计应该遵循以下原则。

（一）简洁明了

简洁明了是文创产品文字设计的一个重要原则，文字表达要精炼简明，能够准确传递产品的主题和信息，让受众一目了然。

为了实现这个原则，文字表达应该采用简洁明了的语言，避免使用过于复杂的词汇和长句子，以免让受众感到困惑和疲劳。另外，还需要针对不同的文化背景、语言习惯和消费需求，采用易懂易记的表达方式，提高文字表达的亲和力和可读性。

在文创产品的广告语设计中，可以采用简短有力的表述方式，突出产品的特点和优势，吸引受众的注意力。例如，以国画文创笔记本为例，广告语可以设计为"融合传统文化与现代设计，让你的笔记本不再平凡"，简单明了地表达出产品的特点和优势，让受众一眼就能了解产品的主题和特点。

（二）独特性

独特性是文创产品文字设计的另一个重要原则，文字表达应该具有独特性，能够与其他文创产品形成差异化，凸显产品的独特品牌形象。

为了实现这个原则，文字表达应该体现产品的独特特点和品牌形象，与其他产品形成差异化。这种差异化可以体现在文字表达的语言、表述方式、表现形式等方面，通过与众不同的表达方式，凸显产品的独特性和品牌形象，提高产品的品牌价值和市场竞争力。

例如，在文创产品的宣传语设计中，可以通过独特的表达方式和语言特点，体现产品的独特特点和品牌形象。以文创衍生品品牌"御府"为例，其宣传语可以设计为"重拾文化底蕴，缔造经典御制"，用深刻的表述方式和独特的语言特点，突出品牌的文化底蕴和经典品质，与其他品牌形成差异化。

（三）艺术性

艺术性是文创产品文字设计的又一个重要原则，文字表达应该具有一定的艺术性，符合文创产品的审美特点，使产品的整体设计更具有感染力和吸引力。

为了实现这个原则，文字表达应该注重语言的韵律和节奏，使用优美、富有节奏感的语言，营造出一种文学、艺术的感觉，使受众在欣赏文字的同时，感受到文创产品的美学价值和内在魅力。

例如，在文创产品的包装设计中，可以通过文字的编排和字体的选择，营造出艺术、文化的感觉，增强产品的视觉冲击力和吸引力。另外，在文创产品的广告语设计中，可以采用诗歌、歇后语等富有艺术性的语言形式，使广告语更具有感染力和记忆力。

（四）文化内涵

文化内涵是文创产品文字设计的又一个重要原则，文字表达应该体现产品所承载的文化内涵和精神内涵，为消费者提供更多文化上的享受和体验。

为了实现这个原则，文字表达应该注重文化内涵的体现，与产品的文化特点和主题紧密相连。在文字的表达中，可以采用传统文化的词汇和表达方式，强调产品的文化背景和历史底蕴，增强产品的文化认同感和审美价值。

例如，在文创产品的广告语设计中，可以使用典故、成语等传统文化元素，体现产品的文化内涵和精神内涵，让受众在欣赏产品的同时，感受到传统文化的内在魅力。以茶叶文创产品为例，可以通过充分体现茶叶文化的内涵和价值的广告语，强调产品的文化背景和传统价值。

（五）语言规范

语言规范是文创产品文字设计的又一个重要原则，文字表达应该符合语言规范，使用正确的词汇、语法和标点符号，避免错误和歧义。

为了实现这个原则，文字表达应该注重语言的规范性和准确性，使用符合语言规范的词汇、语法和标点符号，避免使用生僻字和错误的语言表达方式，以免让受众产生困惑和误解。

例如，在文创产品的广告语设计中，特别是汉字，应该注意避免使用歧义和含糊的语言表达方式，以免让受众产生误解。广告语的语言表达应该精准、简洁、明了，使受众能够准确理解产品的特点和优势。

（六）目标受众

目标受众是文创产品文字设计的又一个重要原则，文字表达应该考虑到目标受众的文化背景、语言习惯和消费需求，使文字表达更加贴近受众，有利于产品的推广和销售。

为了实现这个原则，文字表达应该注重目标受众的特点和需求，采用符合受众语言习惯和文化背景的表达方式和词汇，让受众能够更容易理解和接受产品的特点和优势。

例如，在文创产品的广告语设计中，应该注重目标受众的文化背景和语言习惯，选择适合受众的表达方式和词汇，以吸引受众的关注和认同，提高产品的市场竞争力。

二、传统元素在文创产品文字设计中的体现手法

文创产品文字设计中传统元素的体现方法多种多样，这些方法可以让设计师更好地将传统文化与现代设计相结合，从而为用户提供独特的视觉体验。以下仅论述几种方法，以供参考。

（一）利用字体

在文创创意产品的文字设计中，字体选择是至关重要的一个环节，因为不同的字体风格可以赋予设计不同的氛围和视觉效果。选择具有传统文化特色的书法字体，如宋体、楷书、行书等，可以为设计带来更加浓厚的传统氛围。这是因为每一种字体都具有独特的风格和韵律美。设计师可以参考传统书法字体的笔画、结构和比例等要素，创作出具有传统风格的文创字体。

1. 宋体

宋体的特征如下：

（1）端正简洁：宋体的笔画简洁，造型端正，行书风格，看起来非常干净利落。

（2）适合印刷：宋体在印刷时表现优异，不会因为细节过多而模糊不清，同时也不会因为线条太粗而显得笨重。

（3）通用性强：由于宋体的简洁端正，同时符合汉字的基本特征，所以它被广泛应用于各种场合，如报纸、杂志、书籍、广告等。

（4）可读性强：宋体的字形清晰简洁，使得文字易于识别，阅读体验良好。

（5）经典气息：宋体是中国传统文化中的一种字体，具有浓郁的中国风格，使用它的文字常常带有一种古典气息，适用于一些正式场合。

2. 楷书

楷书的特征如下：

（1）端庄大方：楷书笔画端庄大方，构图整齐划一，给人一种庄重大气的感觉。

（2）厚重稳健：楷书笔画粗细有度，结构稳健，使得字形看起来很有厚重感，同时也不失稳健之美。

（3）简洁明快：楷书的字形简洁明快，有时候省略一些笔画，但不会影响字形的整体结构和美感。

（4）通用性强：由于楷书的字形清晰端庄，适用于各种场合，如书籍、杂志、印章、宣传资料等。

（5）历史悠久：楷书是中国传统书法的一种，有着悠久的历史和文化底蕴，是中华文化的重要组成部分。

下面举例并详细分析几种利用楷书设计文创产品文字：

（1）楷书手写明信片。选用一句温馨的问候或祝福语，使用楷书进行手写，再配以适当的图案或背景，最终呈现出一张有温度、有情感的明信片。此类文创产品使用的是手写的楷书字体，相比于印刷体更具有人文情感和独特性。同时，设计风格清新、简洁、温馨，配色上以柔和的粉色、淡蓝色为主，整体呈现出一种温馨、亲切、自然的感觉，适合表达情感、赠送礼物等场合。

（2）楷书文创书签。楷书文创书签是一种将楷书字体与名句、名言相结合的文创产品，其设计风格简约、清新、实用。此类文创产品使用的是古朴、传统的楷书字体，与名句、名言相结合，能够增添文化底蕴，营造出一种高雅、精美的氛围。同时，设计风格简约清新，配色上以黑白为主，整体呈现出一种简洁、实用、高质感的感觉。

总体而言，利用楷书设计文创产品能够增添文化底蕴、营造高雅气息，同时能够满足人们对于美、情感的需求，适用于多种场合，具有广泛的市场需求和商业价值。

3.行书

行书是一种集中简练、自由奔放、情感丰富的书法形式，具有很高的艺术价值，其特征如下：

（1）行云流水：行书笔画流畅，相互衔接自然，呈现出一种流水般的感觉。

（2）俊秀飘逸：行书字形优美，笔画轻盈飘逸，让人感到非常俊秀。

（3）集中简练：行书字形集中简练，有时候可以省略笔画，但不影响整体结构和美感。

（4）自由奔放：行书书法比较自由，可以表现出书法家的个性特点。

（5）情感丰富：行书字形不拘泥于形式，书法家可以在字形中表现出自己的情感，增加了作品的情感魅力。

（6）适合于篆刻：行书字形非常适合于篆刻，因为它的字形较为清晰，易于刻写，同时也很美观。

总体来说，行书具有独特的韵律美和装饰性。利用行书设计文创产品，可以通过文字传达出深刻的文化内涵和情感体验，同时也可以为产品增添一份独特的艺术魅力。设计师可以根据不同的需求和场景，选取适合的主题和材料，创作出具有独特魅力的文创产品。

（二）利用文字排列

不同的文字排列方式能够呈现出不同的视觉效果，从而为文创产品增添独特的艺术魅力。可以尝试采用传统的竖排或者横排方式，以及对联、楹联等形式，为设计带来不同的视觉效果。

1.传统竖排或横排方式

传统的竖排或横排方式是中国古代书法编排的常用方式。竖排是将文字从上至下排列，一行写满后再换行；横排是将文字从左至右排列，一行写满后再向下一行继续排列。这种排列方式能够展现出文字的纵向或横向的美感和节奏感，非常适合用于文创产品中。

例如，竖排海报是一种比较常见的文创海报形式。在海报设计中，采用竖排的方式能够展现出文字的纵向美感和节奏感，让整个海报更具有中国古代书法的风格和气韵。设计师可以将海报的文字、图案等元素垂直排列，营造出一种古朴、雅致的视觉效果。例如，在新年海报设计中，可以用竖排的方式将"新春快乐""吉祥如意"等祝福语垂直排列，增加文化内涵和节日氛围。

横排书籍则是一种比较常见的文创书籍形式。在书籍设计中，采用横排的方式能够展现出文字的横向美感和节奏感，让整个书籍更具有流畅和自然的感觉。设计师可以将书籍的文字、插图等元素横向排列，营造出一种简洁、明快的视觉效果。例如，在儿童读物设计中，可以用横排的方式将文字和插图横向排列，增加视觉效果和童趣。

2. 对联排列方式

对联是中国传统文化的一种独特形式，它以其独特的呼应和对比方式，成为文化内涵和艺术性并重的文创设计元素。对联的形式多种多样，有律诗对联、散文对联、文言文对联等多种形式。在文创设计中，可以根据不同的设计需求，选取适合的对联形式。例如，在文创装饰品设计中，可以用八仙过海、四季平安等传统成语形式的对联，增加产品的文化内涵和民俗氛围。

此外，在文创设计中，利用对联排列方式可以呈现出一种特殊的视觉效果，增强文创产品的艺术性和文化内涵。这是因为对联是由两行内容相对呼应、形式相似、长度相等的文本构成。在对联中，一般有前一句为上联，后一句为下联，上下联内容相对呼应、互为补充，用来表达作者的思想、情感和文化内涵。对联有着清新脱俗、富有韵律美和节奏感的特点，是中国文化中的独特艺术形式之一。

例如，对联海报是一种比较常见的文创海报形式。在海报设计中，采用对联的方式能够让海报更具有文化气息和艺术感。设计师可以将海报的主题、文案等内容分别排列在对联的两行之中，营造出一种呼应和对比的艺术效果。

3. 楹联排列方式

楹联是一种具有韵律美的文化形式，通常呈现为一对相对呼应的对联，被广泛应用于中国传统建筑的门额和墙壁上。楹联和对联都是中国传统文化中的文字形式，它们都是由两句相互呼应、形式相似、长度相等的文本构成。但是，它们有着不同的使用场合和形式：楹联通常出现在建筑物的门额、柱子、墙壁等位置，其主要用途是装饰和点缀建筑，凸显建筑的文化内涵和艺术价值。对联则广泛应用于文化艺术、传统节日、庆贺宴会等各种场合，用于表达祝福、劝勉、批评、嘉奖等不同的内容。楹联是将两个匹配的字、词、句组合在一起，通过布局、字体、颜色等方式形成整体效果，一般呈横排或竖排形式。对联则更多采用横排形式，也有竖排形式，其内容分为上联和下联，上下联之间相对呼应，互为补充，通过对比、呼应等方式体现出韵律美和艺术性。

在文创装饰品设计中，楹联作为中国传统文化的一种形式，可以被运用到产品的设计中，从而让整个产品更具有古典气息和文化底蕴。例如，在比较正式的文创家居产品的设计中，可以将楹联的形式运用到产品的两个部分，增强产品的文化内涵和艺术性。

例如，在一款瓷器餐具中，设计师将两句内容相对呼应、形式相似、长度相等的文本，分别设计在瓷器的两个部分上。在瓷器的上部，设计师刻写了"山重水复疑无路"，在瓷器的下部，设计师刻写了"柳暗花明又一村"。这两句诗句相互呼应，既表现了生活中的困难和苦涩，又表达了坚持和希望。同时，设计师也利用了楹联的形式，使瓷器的整体造型更加古朴、雅致，让整个产品更具有中国传统文化的气息。这种设计方案在文创装饰品设计中非常常见。楹联的形式可以被运用到各种不同的文创产品中，如家居装饰品、礼品、文化艺术品等等。通过选取适合的对联内容、颜色和形式等，设计师可以为产品增添独特的艺术魅力和文化价值，吸引消费者的眼球和兴趣。

（三）利用文字艺术化处理

对文字进行艺术化处理，如使用篆刻、剪纸、泥金等技法，可以使文字具有更强烈的传统文化特点。在文创设计中，篆刻可以被运用到文字的设计中，增加产品的文化内涵和艺术性。例如，在文创书籍的设计中，可以在设计封面或章节标题时采用篆刻的形式，营造出一种具有传统文化特色的视觉效果。

此外，在文创设计中，剪纸也可以运用到文字的设计中，增加产品的文化内涵和艺术性。例如，中国传统元素剪纸文字变形——福字挂饰。福字是中国传统文化中象征吉祥、幸福的重要元素，经常用于节庆、装饰等场合。通过将福字与剪纸艺术相结合，形成一款独具特色的文创产品。

总之，文字变形是一种在文创设计中常见的技法，通过对文字的艺术化处理，能够为产品增加文化内涵和艺术性。设计师可以根据不同的需求和目的，选择适合的文字变形技法，为文创产品的文字设计增添独特的魅力和价值。

第二节　传统元素在文创产品图形设计中的体现

一、传统元素在文创产品图形设计中的运用原则

在文创产品图形设计中，传统元素的使用是为了营造一种古朴、文化氛围，增加产品的艺术性和文化内涵。传统元素在文创产品图形设计中的运用原则主要体现在以下几个方面。

（一）突出产品主题

在文创产品图形设计中，传统元素应该是产品主题的补充和体现，设计师需要通过运用传统元素，将产品主题与传统文化相结合，达到突出主题的效果。

例如，镇纸是中国古代传统文具，多为木质或石质。设计师从民间传统

的面塑造型中得到设计灵感，选择传统吉祥图案，并结合景德镇的高白瓷泥及祭蓝祭红等传统釉色设计出一系列包含传统元素且符合现代人生活方式的文创产品（图4-1、图4-2）。这一系列每一件小物都兼具实用性与趣味性。现代人练习书法多为陶冶心境，在书桌一隅摆放几件造型生动且又便于把玩的镇纸，不仅使人放松心情，还能从中体会到设计师赋予手工产品的纹理与情感。

整个产品的设计既符合传统文化的要求，又满足了现代人的审美需求，充分体现了文创产品的价值和意义。该产品的成功也表明，在文创产品的图形设计中，突出产品主题是非常重要的。通过运用传统元素，设计师可以为产品增添更多的文化内涵和艺术价值，同时也能够吸引更多的消费者，从而增加产品的市场竞争力。

图4-1 "并蒂同心"系列镇纸（1）（作者：李程）

图4-2 "并蒂同心"系列镇纸（2）(作者：李程)

（二）保持传统元素的原汁原味

在文创产品图形设计中，设计师应该尊重传统文化，注重其历史和文化内涵，并从中寻找灵感和创新点。传统元素具有独特的形式和特点，设计师应该尽可能保持传统元素的原汁原味，以充分展现其独特的文化内涵和艺术价值。尤其应该避免对传统元素的歪曲和伤害，传统元素代表了文化和历史的积淀，对其进行不当的改变和处理，会对传统文化的传承和发展造成不良影响。

例如，编钟是中国古代最早发明出来的乐器之一，属于钟的一种，兴于夏商，盛于春秋战国时期。作为一种古老而独特的乐器，编钟具有丰富的文化意义。设计师以中国传统文化元素"编钟"为主题设计了一款文创产品——"抽拉式钥匙包"（图4-3、图4-4）。设计师在产品的外观设计中尊重和保持了编钟的原汁原味，展现了传统文化元素的美感和内涵。这款抽拉式钥匙包拉起绳子时，钥匙碰撞在一起发出声音就仿佛在敲击编钟。此款设计采用皮革材质的外壳，以金属的钮连接，既保证了使用的安全性，也保留了古代编钟的特点。旋转金属钮可将绳子固定，钥匙包内附有一个小标签，可以写上电话号码，便于在钥匙包丢失时找到主人。

图4-3　"抽拉式钥匙包"（1）（作者：敖天棋，指导教师：陈江波）

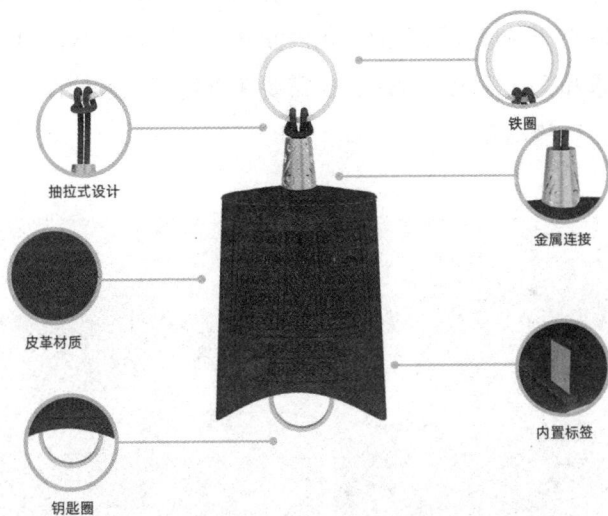

图4-4　"抽拉式钥匙包"（2）（作者：敖天棋，指导教师：陈江波）

（三）突出时代特点

传统元素在文创产品图形设计中的运用，不仅是为了追求传统的味道，还需要注重突出时代特点。如果要设计某个朝代风格的文创产品，那么就要突出那个朝代的时代特点。另外，对于国潮文创产品来说，设计师需要在传统元素的基础上，加入现代的元素和概念，从而使文创产品更符合当代审美和文化需求。

例如，以中国传统文化元素"纹样"为主题的文创产品——"花覆系列盘子设计"（图4-5）。设计师在产品的图形设计中突出了时代特点，将传统元素和现代元素相结合，营造出一种独特的设计风格。在产品的图形设计中，设计师从传统的纹样元素中吸取灵感，并对纹样进行抽象化设计，使得整个产品更兼具有传统文化和现代设计的韵味。再通过滚压的方式在泥坯上形成的浮雕将器物表面铺满，利用青釉等半透明釉料进行装饰，画面秩序严谨规整，重复图案具有整齐和谐的秩序美感，平静中营造出作品的力量与气势。通过突出陶瓷釉色的特点，设计师将传统元素和现代元素相结合，形成了一种传统与现代相融合的设计风格。通过运用传统元素和现代元素相结合，设计师可以为产品增添更多的文化内涵和时代特点，从而更好地满足现代人的审美需求和文化需求。同时，也需要注重传统元素的保护和传承，从而让传统文化得以传承和发展。

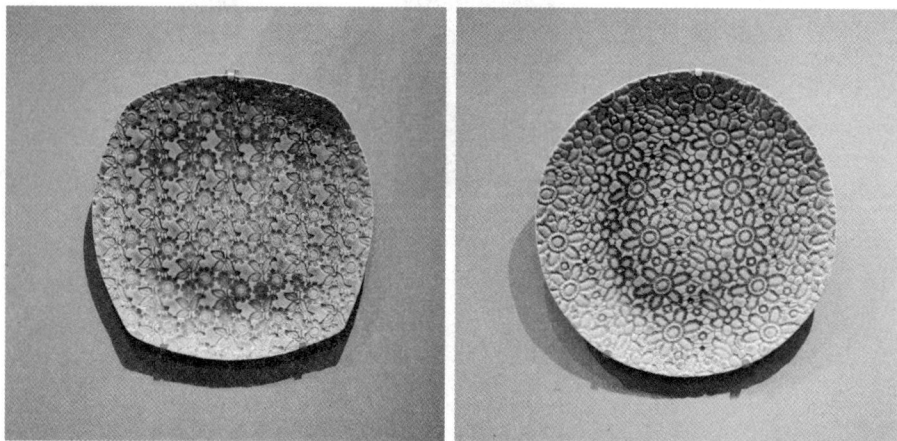

图4-5 "花覆系列盘子"（作者：赵心琪）

二、传统元素在文创产品图形设计中的体现手法

（一）运用传统元素的象征意义

在文创产品图形设计中，运用传统元素的象征意义是传统元素的重要体现方式之一。传统文化元素具有丰富的象征意义，这些象征意义既可以是具象的，也可以是抽象的。例如，传统元素中的龙凤、寿字、福字等都具有明显的象征意义，而一些抽象的传统元素，如太极图案、八卦图案等，也包含着丰富的象征意义。设计师可以通过挖掘传统元素的象征意义，将其应用于文创产品的图形设计中。传统元素的象征意义可以作为设计灵感和设计元素，运用在文创产品的图形设计中，从而为产品增添更多的文化内涵和价值。

需要注意的是，设计师在运用传统元素的象征意义时，需要充分了解和尊重其文化内涵，不能随意歪曲或篡改，以免造成文化误解或文化伤害。此外，设计师还应该注意产品设计的整体风格和配色等方面，从而保证传统元素的象征意义能够更好地融入产品设计中，为产品增添更多的文化魅力和价值。

例如，"四象瓦当印章"（图4-6、图4-7），以四象瑞兽瓦当文物为原型，以四象瓦当背后所代表的二十八星宿为元素发散点，设计了这款四象送福的火漆信封套装，将瓦当上印刻的四大神兽作为火漆印章，将对应的二十八星宿作为信封和外包装的样式，送信寓意送福，而四大神兽皆为瑞兽，将瑞兽作为印章封信，寓意着四象送福，照应着四象送福的主题和名称。该产品的亮点在于信封设计成镂空的星盘形态，一旦将白色的信纸放入信封中，镂空的星盘就显示白色，像真的星星与星轨散发着光亮。此设计与中国传统文化紧密结合，为产品增添更多的文化内涵和价值。另外，在印章设计中，设计师运用了传统元素中的红色、金色等色彩，从而营造出一种精致、高雅的感觉。通过运用传统元素的象征意义和色彩，这款设计不仅具有现代感和美观度，同时也具有浓厚的中国传统文化气息和文化内涵。

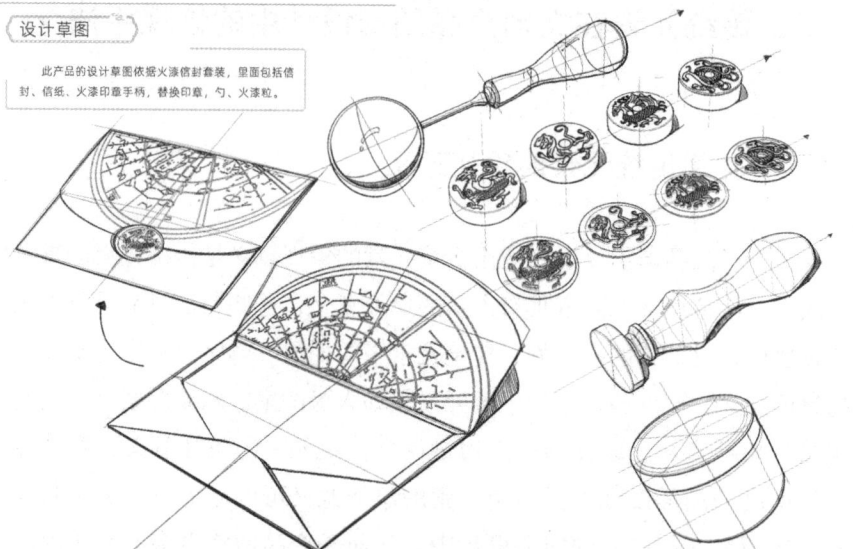

设计草图

此产品的设计草图依据火漆信封套装，里面包括信封、信纸、火漆印章手柄，替换印章，勺、火漆粒。

图4-6 "四象瓦当印章"（1）（作者：黄艳蕾，指导教师：孙兵、陈江波）

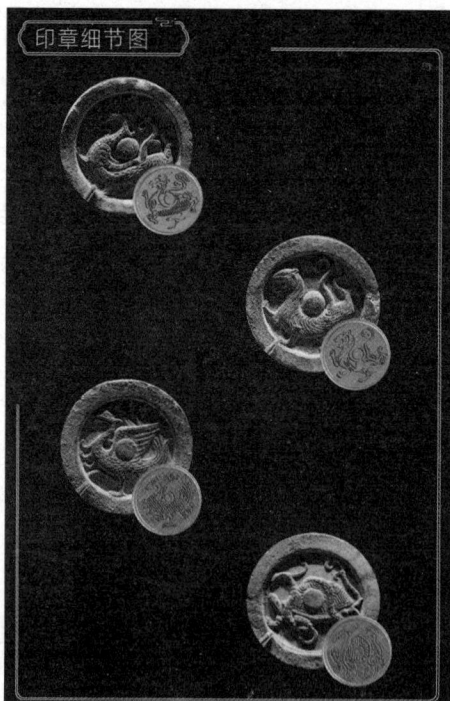

印章细节图

图4-7 "四象瓦当印章"（2）（作者：黄艳蕾，指导教师：孙兵、陈江波）

（二）运用传统元素的符号语言

在文创产品图形设计中，运用传统元素的符号语言是一种重要的设计手法。传统文化元素拥有丰富的符号语言，如"八仙""四季""五福临门"等，这些符号语言代表着特定的文化意义和内涵。传统元素的符号语言可以作为设计灵感和设计元素，运用在文创产品的图形设计中，从而为产品增添更多的文化内涵和意义。

孝义皮影戏是中国独特的民间艺术之一，有近2400年的历史，被列为国家级非物质文化遗产。"皮影戏文创本"这款设计采用了皮影戏中关羽温酒斩华雄的故事元素，将其提取到本子的封面上，将武器刀和戟提取成笔身和笔头的元素，将两个本子放到一起，记笔记的同时增加互动性和趣味性（图4-8、图4-9）。这样的设计不仅充分展现了传统元素的符号语言，还将其与当地文化和特色相结合，增强了产品的文化内涵和意义。通过运用传统元素的符号语言，文创旅游纪念品的设计不仅具有现代感和美观度，同时也具有浓厚的中国传统文化气息和文化内涵。

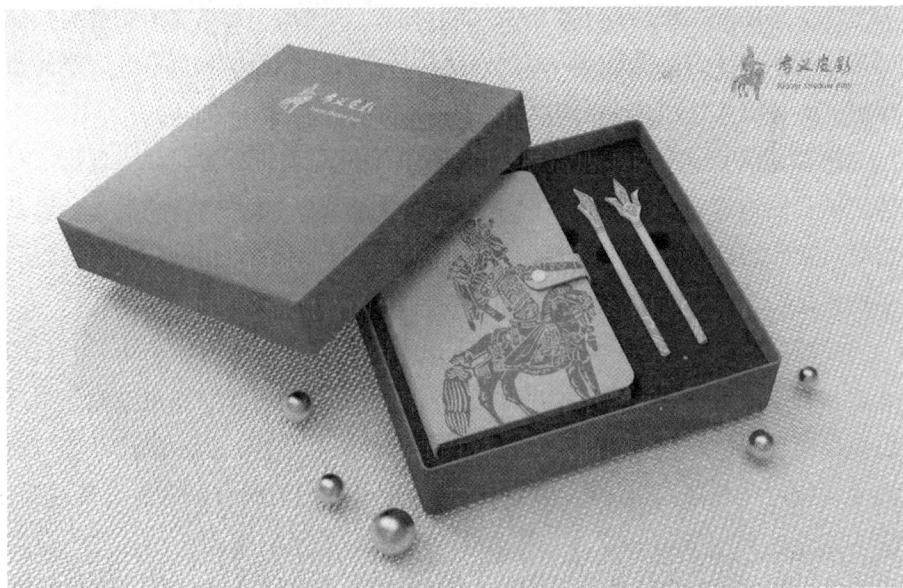

图4-8　"皮影戏文创本"（1）（作者：李萧然，指导教师：孙兵、陈江波）

图4-9 "皮影戏文创本"（2）（作者：李萧然，指导教师：孙兵、陈江波）

（三）运用传统元素的意境和意象

传统文化元素还拥有丰富的意境和意象，如山水、花鸟、人物等。在文创产品图形设计中，设计师可以通过运用传统元素的意境和意象，为产品增添更多的文化气息和艺术感染力。

例如，在中国传统文人画审美引导下的传统紫砂壶艺术，就表现出了对抽象语言的追求。苏东坡曾经提出文人画重在似与不似之间，"似"一般是指对自然的描摹与探索，而"不似"则更倾向于艺术表现中精神意象，也就是抽象化的意象表达，二者之间存在着广阔的探索空间。

"纹礼壶"系列紫砂茶具的设计理念中应当首先表现与饮茶相关的自然元素，茶器作为一件承载着实用性的器物，可以运用"水"这个抽象元素进行设计。水无常形但有常理，运用水的纹理与茶器结合，将水的流动感概括提炼，应用在茶器的整体造型当中，并利用紫砂泥料优良的塑性与延展性，将意象化的形态通过具象的手法表现出来。另外水的流动性与云气十分相似，红山文化的五个代表性元素之一就是云气，将传统元素中的云气纹重新设计，在局部造型中表现云雾缥缈所形成的律动感，可以给此款紫砂壶提供新的设计理念与灵感（图4-10、图4-11）。

图4-10 "纹礼壶"系列（1）（作者：钱麒光）

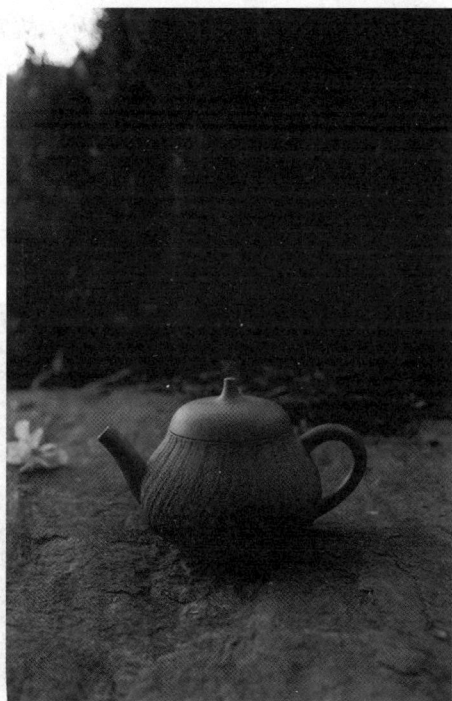

图4-11 "纹礼壶"系列（2）（作者：钱麒光）

（四）运用传统元素的地域文化

传统文化元素中还包含着丰富的地域文化，如四川的川剧脸谱、北京的故宫、杭州的西湖等。在文创产品图形设计中，设计师可以通过运用传统元素的地域文化，为产品增添更多的地域特色和文化气息。

例如，设计一款以北京故宫为主题的文创产品，设计师可以运用传统元素的地域文化，如故宫的建筑风格、雕刻工艺、服饰配饰等，从而增强产品的地域特色和文化内涵。"屋脊兽"印章是基于故宫文物"木活字戳"和IP"屋脊兽"的形象而进行设计的一款印章套装（图4-12、图4-13）。设计采用了多种材质和色彩组合，如木质材料和金属质感等，从而营造出一种丰富多彩的视觉效果和艺术感染力。另一创新的特点在于外包装的"摩尔条纹"产生的动画效果以及金箔印章设计，通过奇特的视觉效果做出亮眼的设计。在此文创产品设计中，将传统元素与现代技术相结合，从而使产品更加符合当代审美和文化需求。

故宫文创产业有限公司副总经理张文彬认为，故宫文创设计有七要素——元素性、故事性、传承性、艺术性、知识性、实用性、时尚性，他将多年经验总结为"文创产品 + 文创"场景价值理念的传播。在这样的基础上，文创产品不应该局限在文具、纪念品等，更应该发展出"文化+科技"的新的融合道路，利用故宫热门的IP内容，开发出新的文创产品。

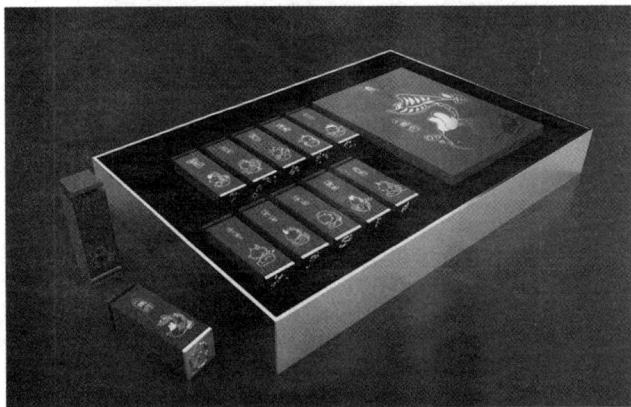

图4-12 "屋脊兽"印章（1）（作者：朱家毅，指导教师：孙兵、陈江波）

图4-13 "屋脊兽"印章（2）（作者：朱家毅，指导教师：孙兵、陈江波）

（五）运用传统元素的技艺和工艺

在文创产品图形设计中，设计师可以通过运用传统元素的技艺和工艺，为产品增添更多的艺术价值和文化内涵。

例如，以山西省博物院内展览的俳优俑铜镇为原型设计的书签（图4-14、图4-15），这四件青铜镇以俳优为主要造型，身形矮小，神情夸张，姿态各异，似作表演状，表情丰富有趣。在这个设计中，设计师将传统元素的技艺和工艺与产品的功能相结合，设计出一款可以展示汉代戏曲艺术的手工艺品。同时，设计师还采用了现代科技工艺，如激光切割技术等，从而使产品更加符合当代审美和文化需求。同时采用了多种珐琅色彩，从而营造出一种丰富多彩的视觉效果和艺术感染力。

图4-14 "俳优俑书签"（1）（作者：柴莘雅，指导教师：孙兵、陈江波）

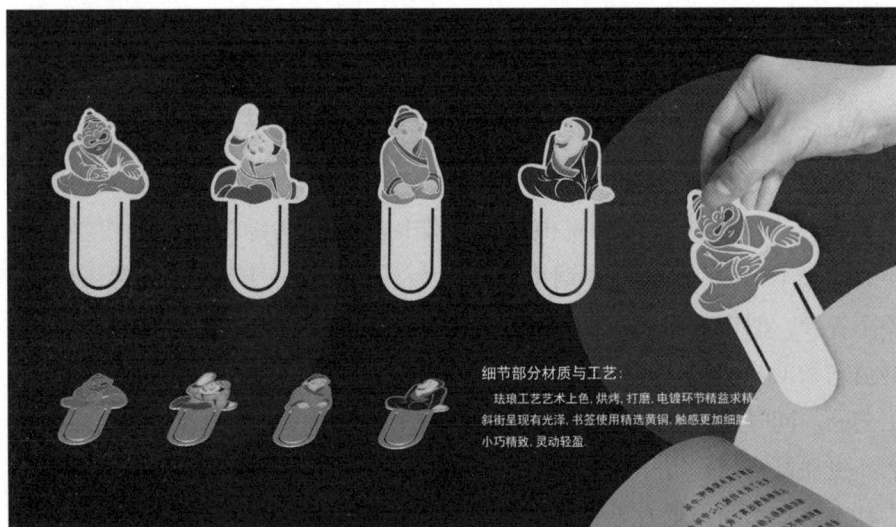

图4-15 "俳优俑书签"（2）（作者：柴莘雅，指导教师：孙兵、陈江波）

第三节　传统元素在文创产品色彩设计中的体现

一、传统元素在文创产品色彩设计中的运用原则

在文创产品色彩设计中运用传统元素，可以在保留传统文化底蕴的基础上，赋予产品新的活力和创意。在运用传统元素时，需要遵循以下原则。

（一）尊重传统

尊重传统是文创产品色彩设计中非常重要的原则。了解并尊重传统色彩的象征意义、历史背景和审美特点，可以确保在设计中传承并发扬传统文化。不同的文化类型，其传统色彩的象征意义也是有区别的。

例如，设计一款以青花写意风格的水杯。设计师以传统水墨写意画为灵感来源，将其独特的审美特点和色彩运用到水杯装饰设计中，充分体现了尊重传统的原则。

"光悦"系列水杯灵感来源于书法水墨的形式之美，将书法中的笔法、节奏、线条、结构结合新青花装饰方法进行装饰创作，将花卉、山石以及抽象事物描绘于器皿之上，灵动的笔触给予人无限的遐想与空间感（图4-16、图4-17）。设计者了解青花的色彩特点，强调青花呈色的层次变化，同时辅以简约的金彩点缀。

在设计过程中，设计师需要尊重青花写意风格的审美特点，如留白、线条、层次等。可以通过运用这些审美特点，将青花写意元素与文创产品色彩设计相结合，以传承并发扬传统文化。

图4-16 "光悦杯"（1）（作者：钱麒光）

图4-17 "光悦杯"（2）（作者：钱麒光）

设计师巧妙地运用青花的层次变化和象征意义，使水杯设计既具有传统文化的韵味，又不失现代感。这种设计不仅满足了不同消费者的审美需求，还有助于传承并发扬传统文化，提升产品的市场竞争力。

（二）突出主题与文化内涵

在文创产品色彩设计中，设计师需要确保传统元素的颜色能够突出产品的主题和文化内涵。可以将某一传统节日、历史事件或民间故事的色彩元素与相关的文创产品相结合，以增强产品的主题性和特色。例如，中国红代表喜庆、祥和和繁荣，常被用于传统节日的庆祝和重要场合的装饰。在文创产品设计中，中国红可以作为主色调或点缀色运用，增加产品的传统气息。

例如，设计一款以庆祝建党百年为主题的文创产品（图4-18），设计灵感来源于中国共产党历史上的红色地标，如中共一大会址，南湖红船，以及井冈山革命烈士纪念碑，这些都记录了中国共产党成立的艰辛历程和共产党人伟大不屈的精神。造型方面用了等高线和河流的元素，像阶梯一样，寓意着中国共产党筚路蓝缕的艰辛，以及为了祖国的统一和民族的大业"翻山越岭"，最终取得胜利的不易。设计选用庄重的深红色木材，具有丰富的文化内涵和独特的色彩象征。红色象征着热烈、庄严和不朽的革命精神，表现出庆祝建党百年的喜庆氛围和祝福寓意。

图4-18　"香薰设计"（作者：贝雨浓，指导教师：孙兵、陈江波）

（三）色彩搭配与平衡

色彩搭配在文创产品色彩设计中至关重要。在使用传统色彩时，要注意色彩的搭配和平衡。通过运用色彩理论，将传统色彩与现代色彩相结合，可以创造出和谐的视觉效果。同时，设计师还可以尝试将不同传统元素的颜色进行组合，以形成独特的色彩搭配。

《四库全书》可以以称为中华传统文化最丰富最完备的集成之作。文、史、哲、理、工、农、医，几乎所有的学科都能够从中找到源头和血脉。《四库全书》是世界文明历史上最博大、最宏伟的宝藏之一，为中华传统文化最丰富且最完备的集成之作，被誉为"中国文化的万里长城"。由此，四库全书这一故宫馆藏文物与书签相结合可谓是十分契合。

《四库全书》封面采用丝绢装裱，绢面色彩遵循乾隆帝"经、史、子、集"四部各依春、夏、秋、冬四色装潢的理念，即用象征四季的颜色来标明书的类别：经书是儒家经典，居群籍之首，犹如新春伊始，饰以葵绿色；史部为历史典籍，著述浩博，如火之炽，应用红色；子部采撷诸子百家之学，如同秋收，饰以蓝色；集部诗文荟萃，好似冬藏，饰以灰褐色。四库全书书签套装共提供四种配色方案，皆由故宫馆藏四库全书的四色封面中提取（图4-19、图4-20）。

"四库全书书签"为金属材质，耐摩擦耐腐蚀，有较好的延展性，文字部分由磨砂背景突出，印有"钦定四库全书"的字样以及文渊阁宝方印，以阴刻的方式呈现。顶端为印有故宫文创logo的牛皮材质皮套，使书签更易于拿取。金属与牛皮这两种高级材料的结合使其整体给人华贵的观感，更能体现产品的价值，无处不凸显着故宫的深厚文化内涵，每一个细节都使整个书签更加精致。

在产品包装方面，以暗纹的形式将其体现在包装之上，并以故宫经典的故宫红为主要颜色，金色的底盒与故宫红顶盖交相呼应，尽显故宫的奢华大气。内部将硫酸纸附烫金工艺覆盖其表面，端庄中透着朦胧的形式美感。

图4-19 "四库全书书签"（1）（作者：殷小龙，指导教师：孙兵、陈江波）

图4-20 "四库全书书签"（2）（作者：殷小龙，指导教师：孙兵、陈江波）

这种设计既体现了传统文化的韵味，又符合现代审美趋势。通过这种设计，产品不仅具有独特的美感，还具有较强的文化内涵和市场吸引力。设计师充分考虑了色彩的搭配和平衡，使象征四季的传统色彩与现代流行色彩相得益彰。通过这种设计策略，产品在保持传统文化特色的基础上，满足了现代消费者的审美需求，增强了产品的市场竞争力。

（四）明确设计主题

明确设计主题在文创产品色彩设计中非常关键。通过确保传统元素与设计主题相互呼应，可以增强产品的主题性和特色，使其更具吸引力。主题内涵文化下的文创产品往往具有很强的主题性，如故宫博物院，敦煌博物馆做出来的文创都很极具特色，同时也很明确当下时代人们的精神追求与需求，在保证外形精美的情况下，可以把功能发挥最佳，不只是有美丽的皮囊，这样的文创产品才更有意思。

2021年是中国共产党成立100周年。回望历史，中国共产党带领中国人民奋勇向前，取得了辉煌的成就。"建党百年纪念尺"是以党建文化为主题的文创产品。在该设计中，尺子呈现出的图案着重呈现中国共产党成立100年来所取得的重大成就或标志性成果。

本产品由两部分组合而成，分别为书签和直尺。书签部分设计有磁铁，拿取方便，并且在放入的时候可以与尺子的槽处互相吸住，不易掉落与丢失。直尺部分进行了立体化设计，图案元素整体形式选用千里江山图来体现祖国的大好河山，在层层递进的山脉中展示标志性物体，展现建党100年来经历种种考验后，迎来的一个又一个的辉煌成就，整体上也展现出对未来的美好期望与祝福，传达出希望传承与发展革命精神，把革命精神延续下去。

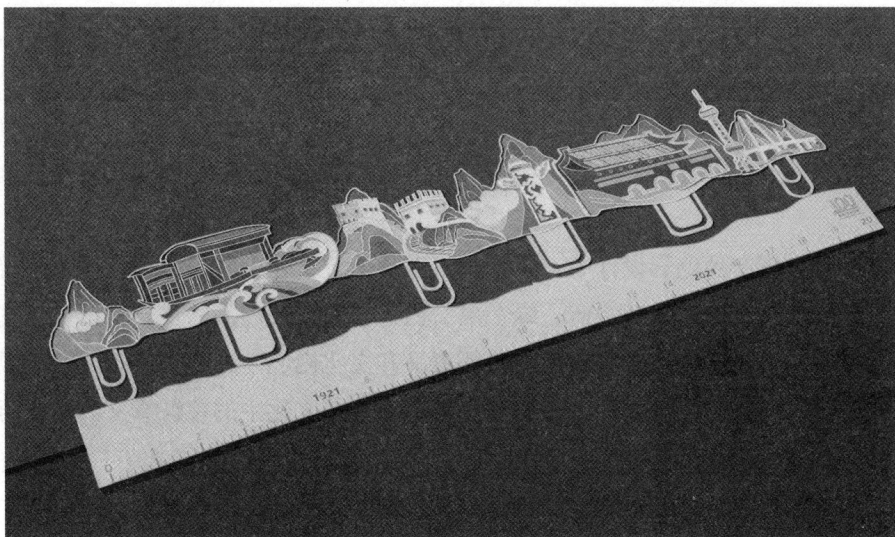

图4-21　"建党百年纪念尺"（1）（作者：韩旭，指导教师：孙兵、陈江波）

图4-22　"建党百年纪念尺"（2）（作者：韩旭，指导教师：孙兵、陈江波）

二、传统元素在文创产品色彩设计中的体现手法

（一）提取传统颜色元素

在文创产品色彩设计中，设计师可以从传统文化中获得灵感，采用传统元素的颜色，如红、黄、蓝、绿、黑、白等，来设计产品的色彩搭配。这些颜色在传统文化中都具有特定的象征意义和文化内涵。在使用传统元素的颜色时，设计师首先需要深入了解这些颜色在传统文化中的象征意义和历史背景。例如：

金色代表着尊贵、高雅和神圣，常用于文化传承类产品的设计中，如中国古代建筑、书法、绘画等。

蓝色在中国传统文化中代表着清澈、高远、宁静和神秘等，常用于水墨画、书法等传统艺术作品中。

黑色代表庄重、稳重、神秘和威严，也是中国传统文化中的代表性颜色之一。在文创产品设计中，黑色可以用来强化产品的传统气息，也可以用来突出产品的高质感和高档次。

白色在中国文化中代表纯净、清新、高贵和庄重，常用于传统婚礼、葬礼等场合，也可以用于文创产品的设计中，传达产品的高品质和高端感。

红色与黑色的组合：在中国传统文化中，红色与黑色的组合常被用于传统建筑、家具等的装饰中，这种搭配既有传统文化的气息，也有现代的时尚感。

玉色：在中国传统文化中，玉被视为圣洁和祥瑞的象征，因此玉色也代表了尊贵和高雅。玉色常用于文创产品中，强化其文化内涵和传统特色。

橙色在中国文化中代表着喜庆、繁荣和富贵，常用于传统节日的庆祝和重要场合的装饰。在文创产品设计中，橙色也可以用来表现产品的热情、活力和创新。

翠绿色是中国传统文化中的代表色之一，它代表着自然、清新、和谐和平静。翠绿色常用于传统绘画、古典家具等文化艺术品的设计中，也可以用于文创产品中，突出中国文化的内涵和特色。

朱砂色在中国传统文化中代表祥瑞和吉祥，常用于文化遗产的保护、传承和开发中。在文创产品设计中，朱砂色也可以用来表现产品的吉祥和幸福。

深红色在中国传统文化中代表着喜庆、热情和繁荣，常用于传统节日和重要场合的装饰中。在文创产品设计中，深红色也可以用来表现产品的喜庆和热情，增强其文化气息和传统特色。

设计案例："红漆描金夔凤纹管兼毫笔"是故宫博物院藏品，笔管通体朱漆地上饰以描金夔凤纹，并间饰缠枝莲纹。此笔描金纹饰华美，并以黑漆勾边，线条流畅，制作精细。兼毫笔在清代较为流行，一般笔毫坚韧，富有弹性，适宜书写各种书体大字。

"妙笔生花系列文具套装"灵感来源于"红漆描金夔凤纹管兼毫笔"，对笔管上的夔凤纹进行再设计，保留特征的同时更具现代设计感。设计师可以运用传统元素的颜色，笔身选用中国传统的朱红色，装饰金色夔凤纹，以传承和弘扬传统文化（图4-23、图4-24）。

再如，以敦煌壁画《鹿王本生图》为主题的文创产品设计为例，九色鹿是敦煌壁画关于佛教本生的故事，形象优美生动，色彩丰富和谐，虽为九色，鹿身以白色作为主色，再用石绿、赭石等点彩九色（图4-25）。

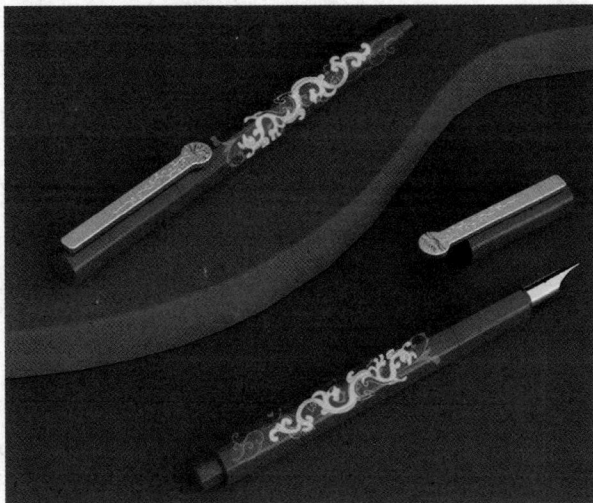

图4-23　"妙笔生花系列文具套装"（1）（作者：袁康玲，指导教师：孙兵、陈江波）

基于传统文化背景下的文创产品设计研究

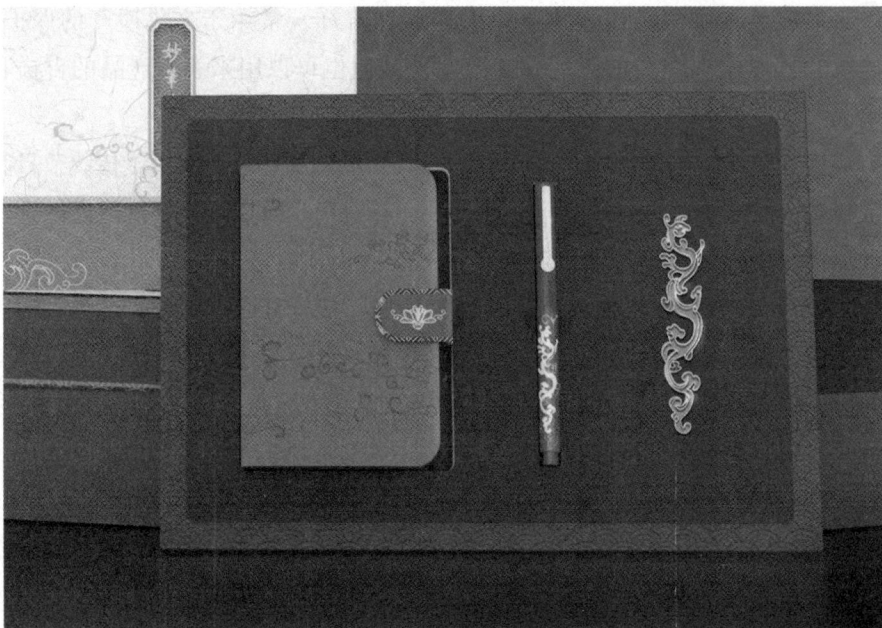

图4-24 "妙笔生花系列文具套装"（2）（作者：袁康玲，指导教师：孙兵、陈江波）

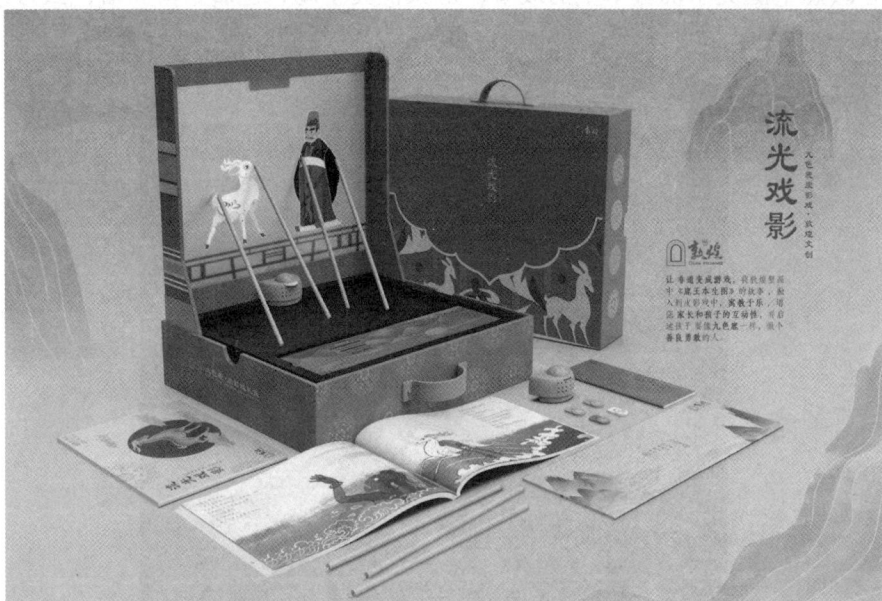

图4-25 "流光戏影"（作者：程意然，指导教师：孙兵、陈江波）

"流光戏影"是一款儿童亲子互动、益智趣味产品。设计师经过对敦煌文化的相关调研，将敦煌壁画中《鹿王本生图》的故事，融入皮影戏中，寓教于乐，增强家长和孩子的互动性。通过制作皮影道具，让传统回归当下，找回童年记忆让手艺传播深入人心，让大家都能体验这上千年的历史文化瑰宝。讲述敦煌壁画九色鹿的故事，家长带着孩子动手制作，表演皮影戏，寓教于乐，通过九色鹿的故事，让孩子从小培养善良、正义、勇敢的品质，同时将敦煌壁画的文化传承下去，发扬光大。

设计师将敦煌壁画中的红色、白色、黑色等典型色彩运用到设计中，使设计具有浓厚的敦煌文化氛围。在这个案例中，设计师充分尊重了敦煌壁画故事的象征意义、历史背景和审美特点，使得产品既具有传统文化底蕴，又具有现代审美观念。通过这种设计，产品不仅美观实用，还具有强烈的文化传承价值。

（二）运用传统图案的色彩

在文创产品色彩设计中，传统元素的图案也可以作为产品的色彩搭配元素。设计师可以从传统文化的图案中汲取灵感，将传统图案的线条、形状、颜色等元素应用到产品的色彩设计中。传统图案的线条通常流畅、柔美，形状则多为自然界的植物、花鸟、山水等元素，色彩通常也以自然色调为主，如青绿、浅黄、淡蓝等。通过运用传统元素的图案，设计师可以为文创产品增添更多的文化特色和艺术感染力。

例如景泰蓝，中国的著名特种金属工艺品类之一。景泰蓝正名"铜胎掐丝珐琅"，是用细扁铜丝做线条，在铜制的胎上捏出各种图案花纹，再将五彩珐琅点填在花纹内，经烧制、磨平镀金而成。外观晶莹润泽，鲜艳夺目。因其在明朝景泰年间盛行，制作技艺比较成熟，使用的珐琅釉多以孔雀蓝和宝石蓝为主，色彩兼有红色、白色、绿色、黄色等。其独特的视觉风格和丰富的文化内涵为文创产品设计带来了无尽的灵感。在尊重传统的基础上，设计师可以将景泰蓝艺术的元素融入文创产品色彩设计中，实现传统与现代的完美结合。

设计案例：设计师根据对故宫文物的调查收集，以《郎世宁花鸟图册》

为扩香器的主要外观形态进行形态提取并设计。此款设计主要以郎世宁的花鸟图册为设计核心，剖析郎世宁的身份、背景和绘画特征，提炼他的画作的特点。郎世宁的画作中结合了中国绘画与西方油画的特征，他的画作更类似于花鸟图鉴，色彩厚重，丰富。所以在设计中采用更具浓墨重彩的掐丝珐琅工艺，更能体现产品的丰富艳丽的色彩。同时归纳提炼画作中花鸟的大体形态，精简成简笔线描的形态与掐丝珐琅更为吻合。

设计师成功地将景泰蓝独特的制作工艺和釉色融入文创产品色彩设计中，了解并尊重景泰蓝艺术的传统色彩象征意义、历史背景和审美特点，实现了传统与现代的完美结合，创造出具有丰富文化内涵和独特艺术气息的文创产品（图4-26、图4-27）。

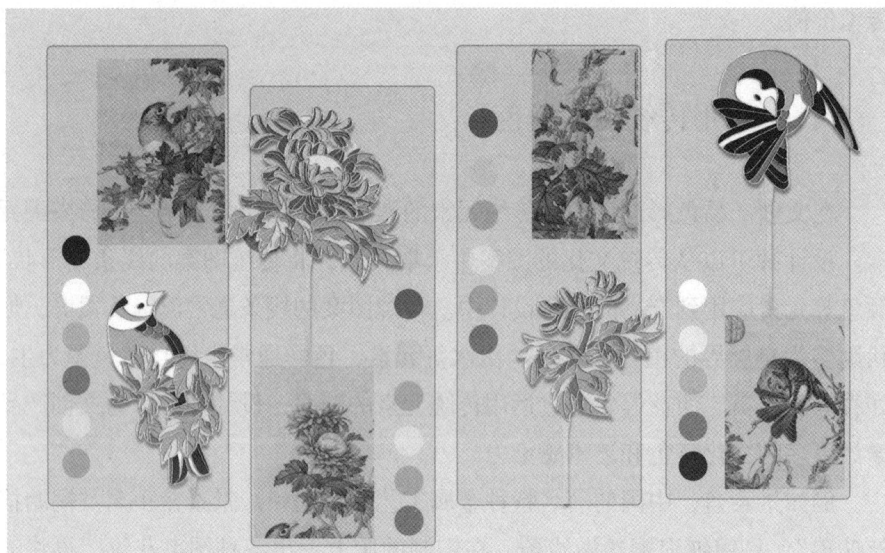

图4-26 "郎世宁花鸟扩香器"（1）（作者：彭清杨，指导教师：孙兵、陈江波）

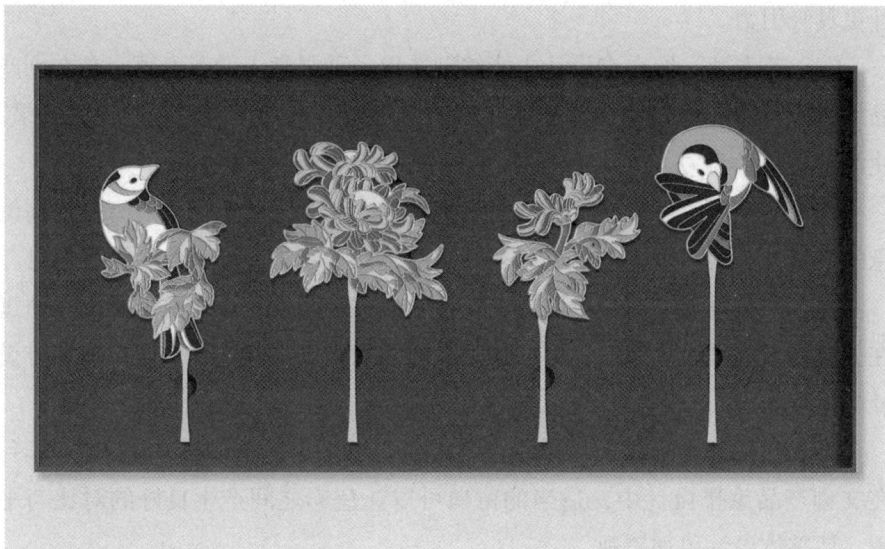

图4-27　"郎世宁花鸟扩香器"（2）（作者：彭清杨，指导教师：孙兵、陈江波）

第四节　传统元素在文创产品编排设计中的体现

一、空间与留白

空间与留白是中国传统审美中的重要元素，其在文创产品编排设计中的运用能够使设计更具有层次感，符合中国传统审美，其主要特征表现在以下几个方面。

（1）寓意丰富。在中国传统文化中，留白不仅仅是视觉上的空白，更具有丰富的寓意。留白可以让观者产生无限的想象，体现了"画意"的艺术境界。在文创产品编排设计中，适当的留白可以引导观者自行发挥想象，使设计更具吸引力。

（2）节奏感。留白在设计中能够创造出一种视觉上的节奏感。在文创产品编排设计中，通过留白与实体元素的交替，可以营造出动态的视觉效果，使设计更具生命力。

（3）增加可读性。在文创产品编排设计中，合理的留白可以有效提高信息的可读性。留白可以避免视觉上的混乱，让观者更容易聚焦于重要信息。

（4）强调重点。留白可以强调设计中的关键元素，使之更加突出。通过在关键元素周围设置留白，可以让观者的注意力更加集中，从而突出编排设计的重点。

（5）色彩和谐。留白可以为设计提供足够的空间来呼吸，使色彩和谐。在文创产品编排设计中，适当的留白可以让色彩之间产生良好的对比与平衡，使整体设计更加美观。

（6）表达禅意。在中国传统文化中，留白与禅意密切相关。在文创产品编排设计中，通过运用留白，可以传达出一种宁静、超脱的意境，使设计更具禅意。

（7）凸显空间关系。留白可以有效地凸显出设计中的空间关系。在文创产品编排设计中，通过留白可以表现出元素之间的相互关系，增强设计的立体感和空间感。

设计案例：

"光悦杯"的灵感来源于书法水墨的形式之美，将书法中的笔法、节、线条、结构结合新青花装饰方法进行装饰创作，将花卉、山石以及抽象事物描绘于器皿之上，含蓄优雅的青花与灿烂的金色相互映衬，使这一系列作品既蕴含了内敛的细腻柔光，又具备了外向奔放的特质，通过半透明的瓷质营造出的空间、灵动的笔触给予人无限遐想与空间感（图4-28）。

空间与留白的运用：

（1）层次感。在青花装饰中，设计师运用空间与留白来表现远近、大小、虚实等关系，使作品具有层次感。

（2）简洁与高雅。设计师在青花装饰中恰到好处地使用留白，使画面既不显得过于烦琐，也不失为高雅。通过留白表现空灵的意境，让观者感受到中国传统文化的美感。

图4-28 "光悦杯"（作者：钱麒光）

（3）色彩和谐。在绘画青花装饰中，设计师适当地运用空间与留白，使青花的淡彩与浓彩之间形成和谐的对比，体现了中国传统艺术中的阴阳平衡。

（4）寓意丰富。设计师通过巧妙地运用留白，让观者产生无限的想象。例如，在山水画中，留白可以让人想象到云雾缭绕的意境，使作品更具寓意。

总的来说，在这款水杯的装饰设计中，设计师巧妙地运用空间与留白，使文创产品具有层次感、简洁与高雅、强调重点、色彩和谐、寓意丰富等特点。

二、层次感

文创产品设计中，中国元素的运用强调层次感，它对于整体效果至关重要。中国元素的层次感可以运用阴阳、水墨等传统元素可以有效地表现深浅、远近、虚实等关系，进而达到空间层次感的效果。其中，阴阳元素是中国传统文化中的重要概念，可以运用阴阳元素来表现设计中的明暗、实虚等对比关系，从而使设计具有丰富的层次感。例如，使用阴阳鱼图案的编排方式来展现两种对立统一的色彩，可以让设计更具视觉吸引力。运用水墨元素则可以有效地表现深浅、远近、虚实等关系，使设计更具空间感。例如，在描绘山水的编排设计中，通过浓淡不一的水墨勾勒出远近山水的层次关系。

例如，"鹿王本生·日历"这款敦煌主题的文创设计，在设计中巧妙运用中国传统文化元素具有以下特点（图4-29、图4-30）。

色彩搭配：日历中运用多种敦煌壁画色彩来表现不同景点的特色，使得每个景点都具有独特的氛围。同时，色彩对比强烈的区域与色彩对比较弱的区域形成层次感。

构图方法：日历设计中强调了空间的层次感。同时，通过对角线构图展示出不同景点之间的空间关系，使画面更具动感。

敦煌壁画元素：日历中融入了山水、动物、人物等敦煌壁画元素，使设计更具特色和韵味。在表现层次感方面，运用敦煌壁画中的远近、大小等技法来呈现空间关系，使画面更具深度。

线条运用：日历中的道路、河流等线条元素采用波浪线、云纹线等传统线条技法，表现出地形的曲折变化，为设计增添层次感。

图文结合：在日历中，文字信息与插画相结合，使文字与图像之间形成层次感。通过字体大小、粗细、颜色等手法强调重要信息，使信息更易于阅读和理解。

空间与留白：在日历设计中，设计师合理利用空间与留白，使日历看起来更加简洁、高雅。适当的留白可以让日历各月份之间的空间关系更加清晰。

细节处理：在日历的细节部分，设计师注重层次感的呈现。例如，在描绘山水时，通过运用概括的造型和透视技法，使动物、建筑、山水之间的层次关系更加明显。在建筑物的表现上，通过光影和虚化的处理，使建筑物更具空间感。

图4-29 "鹿王本生·日历"（1）（作者：张晶涵，指导教师：孙兵、陈江波）

图4-30 "鹿王本生·日历"（2）（作者：张晶涵，指导教师：孙兵、陈江波）

总的来说，在这款敦煌主题日历设计中，通过运用敦煌壁画色彩、题材、构图等传统元素，有效地表现了深浅、远近、虚实等关系，从而达到了空间层次感的效果，展示了中国传统文化的魅力。设计师在保持实用性的同时，巧妙地将传统文化元素融入设计中，使日历更具艺术价值和文化内涵。

三、传统构图方法

在文创产品设计中，使用中国传统构图方法能够充分展现中华文化的魅力和独特性，同时增强设计的视觉效果和引导观者的注意力。传统构图方法，如对角线构图、中轴线构图等，不仅可以让设计更具有艺术性，还能使其符合审美观念和审美趣味。以下是几种常用的中国传统构图方法及其应用。

（一）对角线构图

对角线构图是一种常见的构图手法，通过利用设计元素的对角线关系，可以使画面动态感增强，视觉效果更具张力。在文创产品编排设计中，应用对角线构图可以让整个设计富有节奏感，引导观者的视线从一角移到另一角，从而达到视觉引导的目的。

（二）中轴线构图

中轴线构图是指将画面分为左右对称的两部分，各元素相对于中轴线分布平衡。这种构图方式在中国传统文化中具有深厚的历史底蕴，如对称式建筑、徽章等。在文创产品编排设计中，应用中轴线构图可以强调主题的稳定和端庄，有利于塑造产品的庄重和严谨形象。

（三）三分法构图

三分法构图是将画面分为三等分，主体元素置于分割线的交叉点上，使画面具有平衡感和稳定感。这种构图方法在中国绘画、书法等艺术领域具有广泛的应用。在文创产品编排设计中，运用三分法构图可以让视觉元素更具有层次感，吸引观者的注意力。

在中国传统元素构图中，三分法构图主张将画面分为三等分，分别为主题、次要元素和背景，以达到视觉上的平衡和谐。这种构图方法在中国传统元素文创产品的排版设计中应用广泛。

（四）圆形构图

圆形构图以圆为核心，各元素围绕中心点进行布局，形成一种向心力的视觉效果。这种构图方式在中国传统文化中具有独特的象征意义，如太极图、八卦图等。在文创产品编排设计中，运用圆形构图可以使设计更加和谐统一，表现出中华文化的博大精深。

古代堂鼓多用于报时、祭祀、仪仗或军事。作为报时的大鼓又称"戒晨鼓"，常放置在城池的鼓楼之上。北京鼓楼上的大鼓制于清代，是专门作为公共报时用的。这里以"堂鼓文创系列"文创产品设计为例。

"堂鼓文创系列"产品依旧延续了堂鼓在古代的两种功能声音和计时。造型上沿用堂鼓的基本外形特点并在细节和颜色上作出适当调整，使一些原有功能更加生活化，色彩现代化，与文创产品更加贴切。

整体设计：整个造型采用"堂鼓"的圆形设计，圆形在中国文化中象征着圆满和美好。大堂鼓的造型多次利用，变形调整应用到桌面小产品系列中，形成堂鼓文化文创系列音响、移动电源、桌面风扇。设计充分利用了鼓中空的结构，进行设计安排实现不同功能。

色彩搭配：在色彩方面，设计师采用了"堂鼓"原有主题色的漆红色和黑色。红色象征喜庆、吉祥，红色则代表沉稳。这种色彩搭配体现出了设计师对中国传统色彩美学的理解。

风扇整体参考鼓与鼓架比例关系、造型等元素，并进行简化的修改调整。两者连接方式根据产品属性做出相应调整，做成可以360°翻转的结构。在移动电源的设计上同时参考了拨浪鼓的造型特征，两种类型充电接口收纳于主体内。当两条数据线抽出时，造型上更与拨浪鼓相接近，收起时依旧是堂鼓的造型外观。音响与移动电源的设计都采用极集线设计，使用更加方便快捷，避免数据线丢失、缠绕等问题（图4-31、图4-32）。

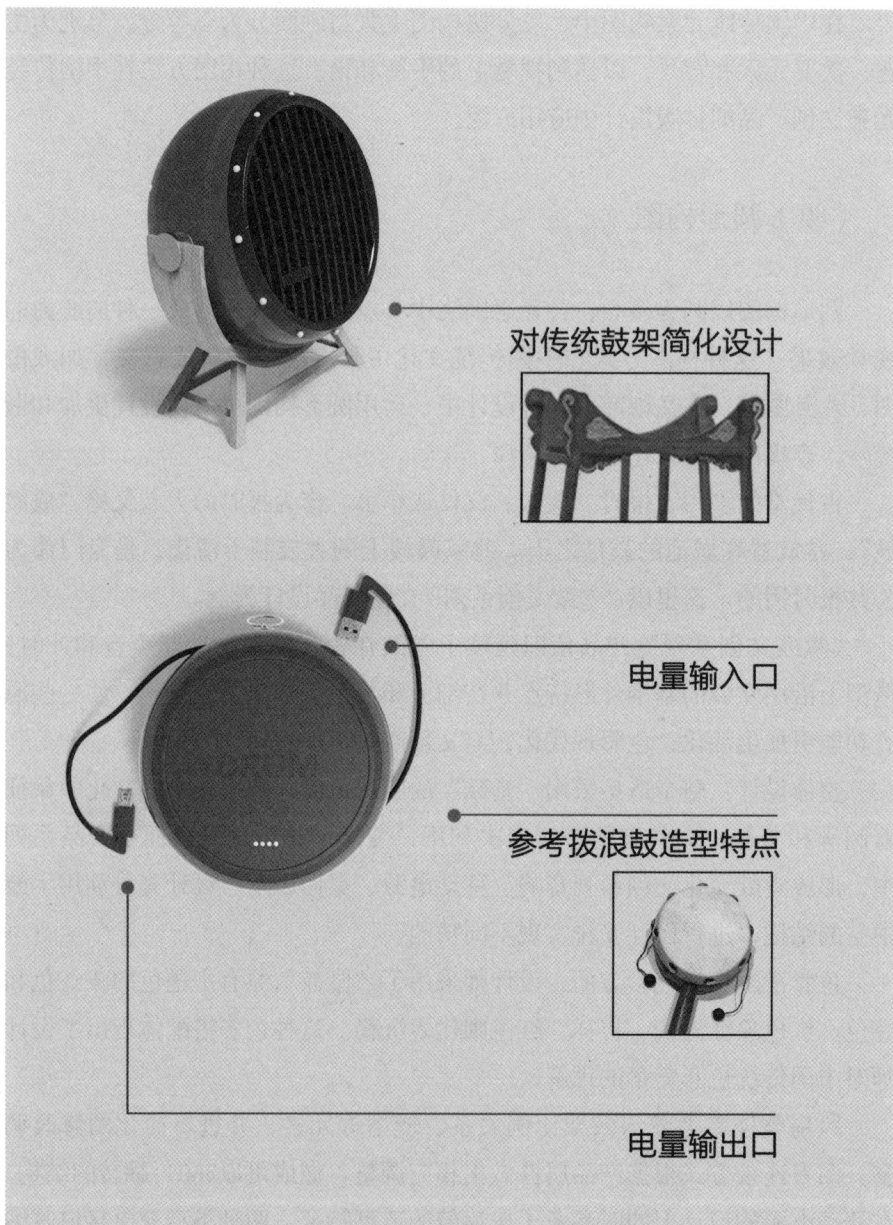

对传统鼓架简化设计

电量输入口

参考拨浪鼓造型特点

电量输出口

图4-31 "堂鼓文创系列"（1）（作者：李奕儒，指导教师：陈江波）

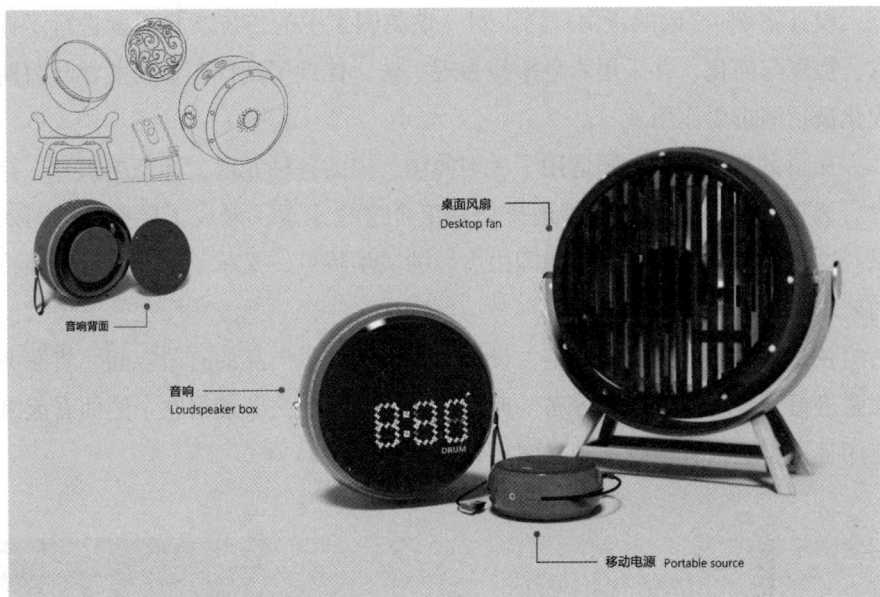

图4-32 "堂鼓文创系列"（2）（作者：李奕儒，指导教师：陈江波）

总的来说，这款"堂鼓文创系列"文创设计，体现了中国传统文化中圆形造型元素的魅力。它比较巧妙地运用了圆形、色彩、功能等设计元素，将传统与现代、美观与实用完美地结合在一起。

（五）层叠构图

层叠构图是指将画面的各元素按照一定的规律叠加排列，形成层次分明的视觉效果。这种构图方法在中国传统山水画、花卉画等领域中有着丰富的运用。在文创产品设计中，可以根据产品所要表达的情感和意义选择不同的构图方法，以实现最佳的视觉效果。同时，也要注意遵循基本的设计原则，如色彩搭配、字体选择和编排规则等，以确保产品的整体效果。

《瑞鹤图》是一幅古代绘画艺术的杰作，不像众多的古代山水花鸟画那般缥缈朦胧，而是充满了现代摄影的构图艺术之美，有人认为更像一幅杰出的摄影作品。宋徽宗用他浪漫写实的笔触将当时的此情此景复刻于画布之上。

设计案例："瑞鹤诗集日历"对《瑞鹤图》中的传统文化元素进行了提取、提炼与简化，并采用彩色单线表现手法，体现了现代工业化美学与后期优化概括的重要作用。

在图案方面，设计师运用了《瑞鹤图》中的各种元素，如飞檐拱脊、脊兽、云、飞鹤等。通过巧妙地排列和组合这些元素，形成了层叠的构图效果。这种设计手法既展现了中国山水画的美学特点，又赋予了日历设计独特的艺术气息。

在日历设计的结构布局上，设计师充分利用了产品的有限空间，将图案元素进行了合理的排列和分布。通过层叠构图的手法，使得整个画面看起来有序且富有层次感，既美观又实用（图4-33、图4-34）。

图4-33 "瑞鹤诗集日历"（1）（作者：彭俊桢，指导教师：孙兵、陈江波）

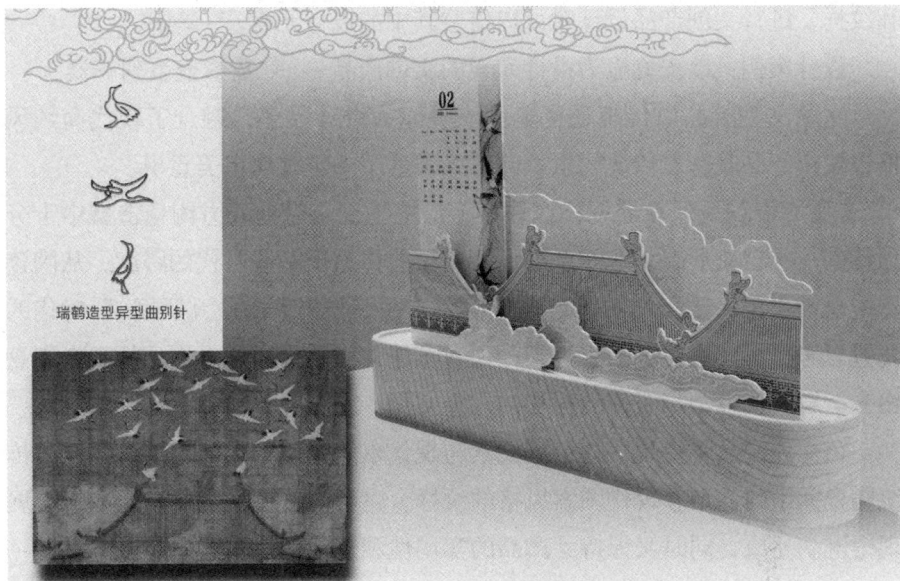

图4-34 "瑞鹤诗集日历"（2）（作者：彭俊桢，指导教师：孙兵、陈江波）

总的来说，这款"瑞鹤诗集日历"设计，表现了中国传统文化元素的魅力。比较巧妙地运用了层叠构图、色彩、图案等设计元素，将传统与现代、美观与实用完美地结合在一起。整个设计传递出宁静、优雅的氛围，是一款具有一定文化价值和市场吸引力的文创产品。

第五节 传统元素在文创产品造型设计中的体现

一、参考传统器物的形态与纹样

中国传统文化中的器物，如青铜器、瓷器、玉器等，都有着独特的形态和纹样，进行文创产品设计时可以借鉴其中的设计元素。

设计案例：以皮囊壶为设计元素的文创产品——"皮囊壶系列花器"。

这款文创产品以传统辽瓷造型皮囊壶为设计灵感，融合了现代简约风格，使得产品既有着传统元素，同时又表达了一定现代审美意识。

"皮囊壶"系列花器创作在造型上借鉴了辽金时期北方陶瓷造型中十分独特的一类器皿形态。这一系列设计希望能传达出一些时代的跨度，从陶瓷器中反映出的一千年前的精致儒雅生活方式，与当下的"互联网+"时代的并置思考，设计者并不想表达某种说教意味，而是借由这件作品使观者有意愿去了解宋代以及当时并列存在的辽金文化。

该文创产品将传统器物造型元素与现代审美和使用功能相结合，通过传统陶瓷元素的造型和现代图案风格的纹样，将中国传统文化的内涵和魅力展现得淋漓尽致，同时又保持了产品的实用性和现代性（图4-35、图4-36）。

图4-35 "皮囊壶系列花器"（1）（作者：钱麒光）

图4-36 "皮囊壶系列花器"（2）（作者：钱麒光）

二、参考传统建筑的造型

中国传统建筑具有独特的造型特点，如拱形、琉璃瓦、斗拱、檐角等，可以将这些造型元素运用到产品设计中，使得产品在形态上具有中国传统建筑的特色。

设计案例：用建筑造型元素设计的文创产品——"建筑物纸雕"。

纸雕的形象选定为与党息息相关的重要建筑物，共四个一套。分别为一大会址、遵义会址、人民英雄纪念碑与天安门。每一个建筑物的转化方式都因其原本的建筑特点而不同。每个小小的纸雕展开后都直观地给人以整体的完整感，每个栏杆、窗户、房檐、立柱等细节都根据建筑本身的比例进行调整，在保留细节的同时也不显得过于琐碎。

这组建筑物不光是党建，还分别代表着党不同时期的历史脚印，每个纸雕都蕴含着浓厚的红色情怀，通过小小的纸雕将这份深厚的情怀与历史的红色印记更加直观、清晰地呈现在消费者的面前。它将红色主题建筑的造型元素运用到纸雕设计中，使得产品具有传统建筑文化的独特魅力和红色历史文化积淀（图4-37、图4-38）。

遵义会议旧址
Site of the Zunyi meeting

天安门广场
Tiananmen Square

图4-37 "建筑物纸雕"（1）（作者：任鸿博，指导教师：孙兵、陈江波）

图4-38 "建筑物纸雕"（2）（作者：任鸿博，指导教师：孙兵、陈江波）

三、参考传统文化符号的造型

中国传统文化中有着许多独特的符号，如龙、凤、麒麟、狮子等，可以将这些符号的造型元素运用到产品设计中，使得产品在形态上具有中国传统文化的特色和魅力。

设计案例：以晋祠圣母殿的圣母像和侍女像为设计灵感的文创产品——"晋祠芳华·折扇"（图4-39、图4-40）。

这款文创产品的设计灵感来自晋祠圣母殿的圣母像和侍女像，周围用荷花加以修饰，完成扇面，底座由圣母殿的木雕龙简化而成，环环相扣，将晋祠圣母殿一揽入扇，使得产品既包含传统元素，同时又具有时尚感与现代感。该产品包括金银两种饰品，分别以龙和凤为主题，设计精致、充满艺术感。

折扇选用樱桃木材质，樱桃木是高级木料，木纹是直木纹。樱桃木天生含有棕色树心斑点和细小的树胶窝，纹理细腻清晰、涂装效果好，适合做高档家居用品。

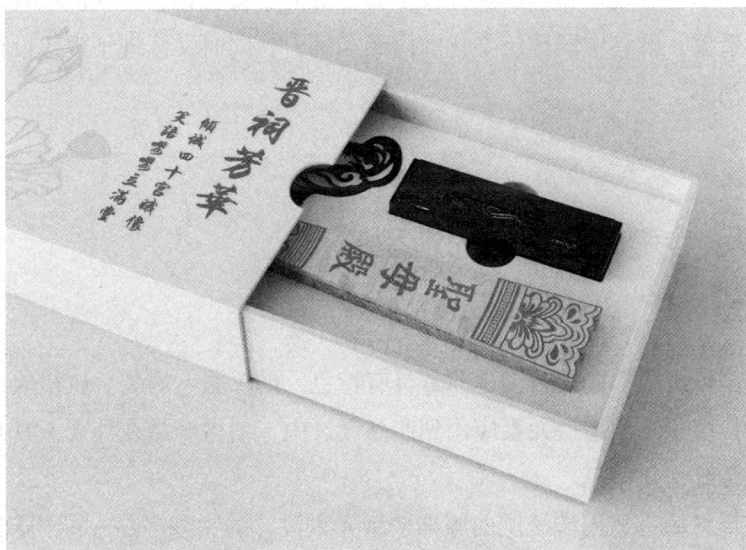

图4-39 "晋祠芳华·折扇"（1）（作者：马于翔，指导教师：孙兵、陈江波）

图4-40 "晋祠芳华·折扇"（2）（作者：马于翔，指导教师：孙兵、陈江波）

这款文创产品的用心之处在于，它将晋祠蕴含的传统文化符号与现代设计审美相结合，通过特殊的设计技术和传统的木质材料，呈现出极具艺术感的饰品造型，既有中国传统文化的内涵和魅力，同时又体现了现代设计的创新与时尚感。

四、参考传统服饰的造型

中国传统服饰中的造型也非常具有特色，如汉服、唐装、旗袍等，可以将这些传统服饰的造型元素应用到产品设计中，使得产品在外观上具有浓郁的中国传统文化特色。

设计案例：运用传统昆曲服饰造型元素设计的文创产品——"昆曲系列笔筒"（图4-41、图4-42）。

　　昆曲人物的造型除了妆面外，最重要的就是服饰，精心打造的服饰为舞台效果起到了画龙点睛的作用。这款笔筒提取昆曲服饰的元素，并且配有带着旗子的笔帽可以将笔帽随意扣在各种笔上，巧妙地将笔与人物后面的背旗相融合，同时采取简洁大方的形象，符合当代人的审美追求。

　　舞台道具是昆曲艺术中不可分割的一部分，也是体现矛盾冲突和人物情感的重要手段。此款笔筒设计借鉴了昆曲道具里的背旗元素，同时又进行了概括和简化处理，使得配件不仅有传统的中国文化元素，同时也显得时尚现代。

　　这款文创产品的成功之处在于，它将传统服饰造型元素与现代设计元素相结合，通过特殊的设计技术和材料，创造出兼具传统文化特色和现代时尚感的盘发造型DIY套装，既满足了现代人对美的追求，同时又弘扬了中国传统文化的魅力。

图4-41 "昆曲系列笔筒"（1）（作者：李对对，指导教师：陈江波）

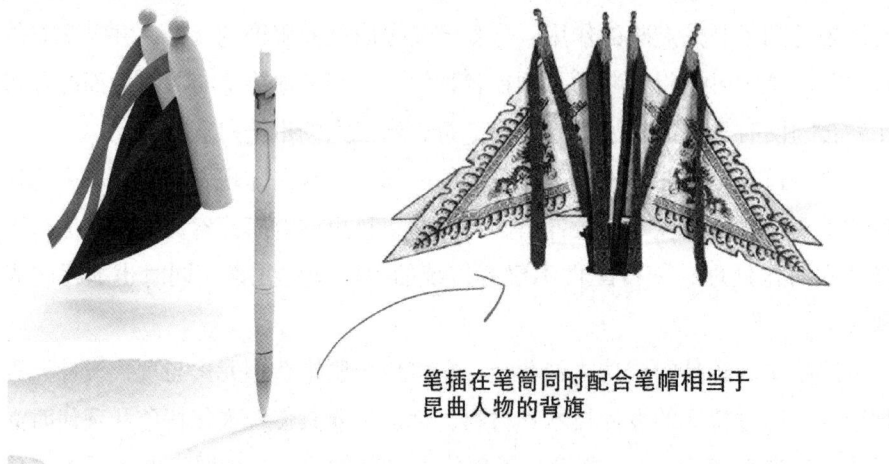

笔插在笔筒同时配合笔帽相当于
昆曲人物的背旗

图4-42 "昆曲系列笔筒"（2）（作者：李对对，指导教师：陈江波）

五、挖掘民间传统文化的元素

中国传统文化中的民间文化也有着丰富的元素可供借鉴，如传统的灯笼、雕刻、剪纸、泥塑等民间艺术。可以在产品的造型、颜色和纹样等方面借鉴这些元素，使产品更加具有中国特色。

设计案例：运用传统宫灯造型元素设计的文创产品——"千里江山·文创宫灯"。这款文创产品的设计灵感来自中国传统宫灯，将传统的宫灯造型元素与榫卯结构相结合，以千里江山图为文化IP的文创宫灯，通过榫卯结构连接，具有一定的稳定性，点亮灯芯后散发的光会照亮贴面，更加美观。包装盒为对开式结构，给人一种开门见山的感觉。

图4-43 "千里江山·文创宫灯"（1）（作者：傅奕人，指导教师：孙兵、陈江波）

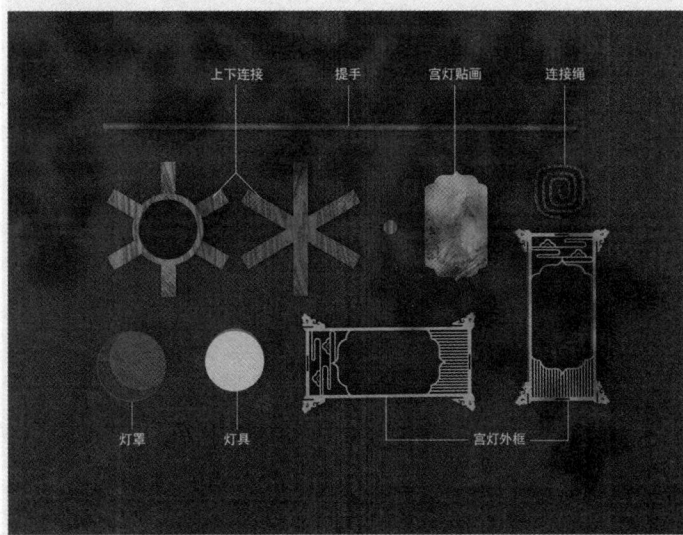

图4-44 "千里江山·文创宫灯"（2）（作者：傅奕人，指导教师：孙兵、陈江波）

　　这款文创产品运用了中国传统宫灯的造型元素进行创新设计，结合榫卯结构工艺，创造出了具有一定审美价值的家居装饰灯。这款灯具既能照明，又能作为家居装饰品，既具有实用价值，又满足了现代人对美好生活的追求，同时又传承了中国传统文化的魅力。

第五章 传统文化元素在不同文创产品类型的设计运用

在当今市场竞争日益激烈的情况下，文创产品已成为各大企业追逐的宝藏。而传统文化元素则成了设计师们的灵感源泉。传统文化元素的运用，不仅可以赋予产品独特的文化内涵，还可以引发消费者的情感共鸣，提升产品的吸引力和美誉度。传统文化元素可以被运用于各种不同类型的文创产品设计中，它不仅可以为产品注入文化底蕴和艺术气息，还能够提高产品的附加值和市场竞争力，是文创产品设计的重要策略之一。本章将对传统文化元素在不同文创产品类型的设计运用展开论述。

第一节　传统文化元素在手工艺品文创设计中的应用

一、传统手工艺品的基本特征

传统手工艺品是指由手工制作而成的艺术品或实用品。它们通常由熟练的工匠或手工艺人使用传统工具、技术和材料制作而成，而非机器自动生产。它具有以下特征。

（一）原发性与独特性

1.原发性

传统手工艺是源于人类几千年文明发展的产物，它的原发性特征在于手工艺品是劳动人民依靠自己的勤劳、毅力和智慧来表达对于生活的需要。这些手工艺品在生活中具有特殊的意义和价值，能够满足人们的各种需求，因此更加贴近生活实际。此外，由于传统手工艺发源于乡土社会，因此具有浓郁的乡土文化气息，反映了当地的风土人情、历史传承和文化特色，具有独特的地方色彩和文化内涵。因此，传统手工艺具有不可替代的原发性特征，它们是传承和弘扬人类文明的重要载体和珍贵财富。

2.独特性

传统手工艺品的独特性在于手工制作的过程体现了工匠的创意、技艺和心血，每一件手工艺品都是独一无二的。与机器生产的产品相比，传统手工艺品具有更加精细、纯正和丰富的艺术性和文化内涵，它们通过表现出当地的民俗风情、历史文化和地域特色来反映出不同地区和民族的文化传统和审美特征。此外，传统手工艺品通常采用的是天然材料和传统工具，强调了对环境的尊重和保护，具有绿色、环保和可持续发展的价值。因此，传统手工艺品是人类文化遗产的重要组成部分，具有不可替代的文化价值、艺术价值和经济价值。

（二）象征性与审美性

1.象征性

传统手工艺不仅是实用性的产品，更是具有象征意义的文化表达。象征是传统手工艺的重要表现手法，它是表现传统手工艺的基本特征之一。中国工艺思想以基本的伦理道德为基础，这种道德观念在传统手工艺中发挥着重要的作用，通过象征手法赋予传统手工艺更深层次的寓意。在这种思想影响下，很多手工艺品不仅是简单的装饰品或工艺品，更蕴含着深刻的文化和精神内涵。它们通过形体、造型、纹样等手法表达象征意义，反映了当地的文化习俗、宗教信仰、历史传承等方面的信息，承载着丰富的文化记忆和历史沉淀。这些象征手法不仅是传统手工艺品的重要特征，更是人类文化的重要组成部分。因此，传统手工艺品作为文化遗产的代表，其象征性特征也成了传统文化元素的重要符号，被广泛传承和发扬光大。

2.审美性

真善美是民间手工艺的基本审美特征。传统手工艺品的创作过程中，工匠们将物质需求和精神需求作为自身的审美取向，将对美好生活的向往融入手工艺中。在这个过程中，美不仅是一种追求和向往，更代表了手工艺品的深层意义。工匠们在创作时对美的追求非常强烈，但并不一定具有完整的美学认知，这种美是天然的、本能的，来源于人类对于生命、自然和文化的感知和理解。真、善、美是我国劳动人民最有代表性的特点，将真、善、美结合到一起形成了美，而美又蕴含着真、善、美的内在关系。传统手工艺品的审美特征强调了对于自然、生命、人文的关注和尊重，强调了人与自然、人与社会、人与自我之间的和谐关系。这种审美特点不仅反映了民间工匠们的审美观念，更是人类文化传承中的重要组成部分。因此，传统手工艺品的审美性是其重要特征之一，是文化遗产的重要组成部分，也是人类审美意识的重要体现。

（三）实用性与价值性

1. 实用性

民间手工艺是为了满足人们日常生活的特定需求而出现和发展的，因此实用性是其最主要的属性。没有实用性的民间手工艺是无法被称为手工艺品的。美是民间手工艺的附加属性，是在实用性的基础上创造出来的。通常在了解一种民间手工艺时，我们最初关注的一定是它的用途，它能够为我们带来什么便利，我们可以用它来做什么。只有具备实用性，这项手工艺才有可能被传承流传。在满足生产的前提下，人们才会去欣赏美、追求美，这也符合人类对美好生活的追求。

2. 价值性

传统手工艺品作为实用性与美学的有机结合，具有双重价值。一方面，其实用性不仅体现在产品的实际应用价值上，更重要的是满足人们对于生活的特定需求，提供精神和文化上的支持和滋养。另一方面，传统手工艺品的审美价值也是其重要特征之一。工匠们在手工制作过程中注重造型、比例、色彩、材质等各个方面的协调和统一，创造出精致、优美、富有文化内涵的手工艺品。这种审美特征不仅提高了手工艺品的观赏价值，更体现了人类对美好生活的向往和追求，具有深刻的文化意义和价值。

综上所述，实用性是传统手工艺品最主要的特征之一，也是它们得以传承发展的基础。审美性则是传统手工艺品的重要附加属性，它使得手工艺品不仅具有实用价值，更具有丰富的文化内涵和审美价值。传统手工艺品作为文化遗产和人类智慧的结晶，其实用性和审美性的双重价值体现了人类文明的多元性和复杂性。

二、传统文化元素融入手工艺品文创设计中的意义与价值

传统文化元素是一个国家和民族的精神财富，蕴含着深刻的思想和丰富的内涵，具有不可替代的价值和意义。在当今文创产业的发展中，传统文化元素融入手工艺品文创设计中，具有重要的意义和价值。

首先，传统文化元素的融入能够为手工艺品注入新的活力和内涵。传统文化元素是源远流长的文化积淀，其中蕴含着丰富的历史、文化、艺术等元素，这些元素可以被应用到手工艺品的文创设计中。通过融合传统文化元素和现代设计理念，可以创造出具有传统文化元素内涵和现代审美特色的手工艺品，使其具有更加丰富和深刻的文化意义和艺术价值。

其次，传统文化元素的融入能够促进文化的传承和弘扬。传统文化元素是一个民族的文化根基，它的传承和弘扬是我们文化自信和文化自觉的重要体现。通过将传统文化元素融入手工艺品文创设计中，可以让更多的人了解和认识传统文化元素，从而激发对于传统文化元素的热爱和关注，促进传统文化元素的传承和弘扬。

最后，传统文化元素的融入能够提高手工艺品的市场竞争力和附加值。在当今竞争激烈的市场中，传统文化元素作为一种独特的文化资源，可以为手工艺品赋予更多的文化价值和艺术内涵，提高其市场竞争力和附加值。这对于手工艺品行业的发展和传承，以及文创产业的繁荣具有重要的意义。

总之，传统文化元素融入手工艺品文创设计中，不仅有利于手工艺品的创新和发展，更是传统文化元素传承和弘扬的有效途径，同时也能够提高手工艺品的市场竞争力和附加值。这对于文创产业的发展和推动文化自信、文化自觉具有重要的意义和价值。

三、传统文化元素在手工艺品文创设计中运用手法

在手工艺品文创设计中融入传统文化元素是一种创新的方式，可以让传统文化元素焕发新的生机。要实现这一目标，可以从以下几个方面着手。

（一）从传统文化元素背景中进行提炼

深入了解传统文化元素的历史背景、传统艺术形式、文化内涵和象征意义等，对传统文化元素有全面深刻的理解是文创产品创作中融入传统文化元素的基础。

举例来说，如果打算设计一款手工纪念品，首先可以深入了解传统文化元素的历史背景、传统艺术形式、文化内涵和象征意义等。接下来如果打算运用中国的传统艺术形式，如绘画、雕刻、陶瓷、织锦等，就需要了解每一种艺术形式都有着自己的特点和风格，而这些特点和风格都源于中国传统文化元素的不同方面。然后要深入研究中国传统文化元素的文化内涵和象征意义，如五行、十二生肖、龙凤、四季等，将这些象征意义融入手工艺品的设计中，能够让手工艺品更加富有中国传统文化元素的特色和魅力。

案例分析：一款以中国传统生肖文化元素为主题的陶瓷设计——"虎年生肖主人杯"。这款主人杯采用了传统的拉坯成型工艺，以古代"四神"纹样中的"朱雀"为设计元素，杯子采用代表传统釉色的青绿色，杯身造型和装饰图案都富有中国传统文化元素的特色，以展现出中国传统文化元素的美丽和独特（图5-1、图5-2）。

图5-1 "虎年生肖主人杯"（1）（作者：钱麒光）

图5-2 "虎年生肖主人杯"（2）（作者：钱麒光）

（二）选择合适的传统元素

在了解传统文化元素的基础上，选择具有代表性的传统元素。这些元素可以是传统图案、色彩、材质、工艺技法等。挑选与手工艺品相关的传统元素，可以使设计更具特色和文化内涵。

举例来说，如果打算设计一款传统风格的文创手工艺品。在了解传统文化元素的基础上，可以开始选择具有代表性的传统元素。首先，初步选择传统图案作为设计元素，对一些中国传统图案进行了研究，包括云纹、缠枝花、吉祥纹等。研究之后，选择以龙凤为主题的图案，因为龙凤在中国传统文化元素中代表着权力和吉祥。接下来，考虑选择合适的色彩。中国传统文化元素的色彩有着深厚的文化内涵。可以以红色、黄色、绿色为主要颜色，因为红色代表喜庆、绿色代表自然、黄色代表财富。然后，选择合适的材质。选用传统的材质可以让手工艺品更加具有传统文化元素的韵味，比如竹子和丝绸这两种传统的材质，代表着中国传统文化元素中的重要元素。最后，选择合适的工艺技法。采用传统的织锦工艺技法，可以展现中国传统文化元素的独特魅力。将龙凤图案和选定的颜色织入丝绸中，再使用竹子制作出一个手工艺品的底座，使整个手工艺品更加富有传统文化元素的气息。

案例分析：一款以牡丹图案为装饰主题的茶杯设计——牡丹纹主人杯。这款主人杯图案灵感来源于磁州窑中的牡丹纹饰，牡丹在中国传统文化元素中象征着繁荣和富贵。采用了陶瓷中传统的青花装饰技法和描金工艺，将中国传统文化元素北方磁州窑的装饰图案融入现代人的生活用器当中（图5-3、图5-4）。

图5-3 "青花描金牡丹纹主人杯"（1）（作者：钱麒光）

图5-4 "青花描金牡丹纹主人杯"（2）（作者：钱麒光）

（三）创新传统元素

在保留传统元素的基础上，对其进行创新和改造。可以尝试将传统元素与现代设计理念、流行趋势相结合，打破传统框架，让传统文化元素焕发新的活力。

案例分析：这款鲁班锁设计融入社会主义核心价值观的二十四个字，由十二根结构木条组合拼成，打开可以取出党徽标志的玻璃球，结合了鲁班锁的形态结构，打造一款既能将党与国家铭记于心也能放松娱乐的文创产品。

这款产品将传统鲁班锁工艺与木质材料和思政主题元素相结合，使用木材和玻璃这两种材质，以体现传统和现代的融合；运用现代的机械雕刻技术来制作这款产品，既宣传了社会主义核心价值观，又弘扬了传统技艺，体现了传统文化元素与现代设计的有机结合（图5-5、图5-6）。

图5-5 "24字鲁班锁"（1）（作者：李对对，指导教师：陈江波）

图5-6 "24字鲁班锁"（2）（作者：李对对，指导教师：陈江波）

（四）结合当地特色

充分挖掘和利用当地的文化资源，将地域特色与传统文化元素相结合。这样可以使手工艺品更具地域性，同时也能够传承和弘扬地方文化。

举例来说，假设打算设计一款具有地域特色的文创产品，以展现当地的文化魅力。首先设计师将研究当地的文化资源和传统艺术形式，如当地悠久的历史和丰富的文化底蕴以及当地流传的传统艺术形式和传统技艺，并以地域特色与传统文化元素作为设计元素，与传统工艺技术相融合，使设计更加具有文化内涵，展现当地的文化魅力。

案例分析：一组以太湖石为主题的文创设计——"汝窑釉太湖石香插"。这款设计灵感来源于太湖石的造型与质感。陶瓷是一种人力与自然力（不可控力）共同作用下完成的艺术，它来源于泥土，造意于形态，很好地表现出太湖石错落、剔透、自然艺术效果。传统的陶瓷工艺与太湖石造型形态相结合，展现了地域文化的特色和魅力。整个设计利用了当地的文化资源，传承和弘扬了当地的文化（图5-7）。

图5-7 "汝窑釉太湖石香插"（作者：赵金）

（五）跨界合作

跨界合作是指与其他领域的艺术家、设计师、企业等合作，共同探索传统文化元素与现代设计的结合。跨界合作可以带来更多创新灵感，同时也有助于拓展手工艺品的市场渠道。

案例分析：插画师褚庆龙以"老鼠一家的生活"为题材的创作。从前以插画创作为主（图5-8），近年来他尝试跨界到陶瓷艺术领域进行创作。他以概括简洁的卡通老鼠形象为主题，采用陶瓷装饰中传统化妆土装饰技法，结合日常生活中常见的器皿，创作了一组自我风格强烈的咖啡杯（图5-9）。化妆土是陶瓷器的传统装饰技法之一，这一系列咖啡杯设计把插画艺术带入陶瓷装饰的领域中，化妆土色彩表现结合了甜美温馨的糖果色系，搭配非传统印象的器皿线条，给产品营造一种独特的观感。

图5-8 "虎口脱险"插画（作者：褚庆龙）

图5-9 "鼠王的梦"咖啡杯（作者：褚庆龙）

不二咖啡包装设计通过对咖啡的形象元素进行提取整合，标识整体以线条的方式进行表现，运用极简的线条和块面的融合凸显出品牌的整体符号，标识设计整体简洁大方，便于延展与应用。不二咖啡外包装设计上采用插画涂鸦的表现形式，体现出青春、积极、时尚的品牌调性，画面内容与味道在保持风格统一的同时，更具有无限可能的延展性和再创性，体现出了不二咖啡的文化力和产品魅力（图5-10、图5-11）。

图5-10 "不二咖啡包装设计"（1）

（作者：刘明远、孙榕汐、刘文静、邹佳韵、徐家莹，指导教师：刘仁）

图5-11 "不二咖啡包装设计"（2）

（作者：刘明远、孙榕汐、刘文静、邹佳韵、徐家莹，指导教师：刘仁）

总之，手工艺品文创设计中融入传统文化元素的方法有很多，关键是在尊重传统文化元素的基础上进行创新和改造，使传统文化元素在现代手工艺品中焕发新的生机。

第二节　传统文化元素在数字媒体文创设计中的应用

一、数字媒体文创设计中融入传统文化元素的意义与价值

数字媒体文创设计是一种通过数字媒体技术，将文化元素与创意设计相结合的设计形式。数字媒体文创设计可以通过图像、动画、互动等方式，将文化元素呈现在数字媒体产品中，以满足现代人对文化的需求，同时也可以促进传统文化元素的传承和创新。

传统文化元素融入数字媒体文创设计的意义与价值除了传承和弘扬传统文化元素外，还有以下几点。

（1）丰富文化产品的多样性。数字媒体文创设计可以通过数字媒体技术，将传统文化元素融入文化产品中，如数字图书、游戏、影视作品等等，丰富了文化产品的多样性和可玩性，吸引了更多人对文化产品的关注和喜爱。例如，可以将中国古代文学作品如《红楼梦》《西游记》等进行数字化改编，将传统的文字、绘画元素与现代的图像、音效融合，形成更具有互动性和可读性的数字图书。同时，还可以将传统文化元素的节日、习俗、民俗等元素融入数字图书中，如春节、清明节、端午节等，通过图文、音频、视频等多种形式展现，让读者在阅读中更好地了解中国传统文化元素。

（2）满足现代人的审美需求。传统文化元素的美学和价值观念可以与现代审美理念相结合，创造出独具特色的文化产品。数字媒体文创设计可以通

过现代的设计语言和数字媒体技术，使传统文化元素更加贴近现代人的审美需求，满足现代人对文化的需求。例如，将传统文化元素融入数字媒体设计中，如将传统的山水画、花鸟画等元素应用于网站、App等数字产品的设计中。设计师可以利用现代的设计语言，如扁平化设计、简约风格等，将传统文化元素重新诠释，创造出新颖、独特的文化产品。同时，数字媒体技术可以提供更加多样化、立体化的呈现方式，如动态效果、交互式设计等，使得传统文化元素更加贴近现代人的审美需求，呈现出更具吸引力和互动性的文化产品。这样设计出来的文化产品不仅可以满足现代人的审美需求，也可以让传统文化元素更具活力和时代感，促进传统文化元素的传承与创新。

（3）拓展文化产业的市场空间。数字媒体文创设计可以使传统文化元素更具现代化和商业化的价值，扩大了文化产品的市场空间，促进了文化产业的发展和创新。例如，将传统文化元素运用于文学作品的创作中。数字媒体文创设计可以利用现代的排版和设计技术，将传统文学作品重新包装和呈现，使其更加现代化和商业化，从而吸引更多的读者，扩大市场空间。又如，通过加入图像、音效等多媒体元素，将传统文学作品改编为数字小说或动漫形式，吸引年轻读者的关注，推动传统文学的流传和发展，同时创造了新的文化产品和商业价值。此外，数字媒体技术可以让文化产品更容易被推广和传播。例如，将传统文化元素运用于电子游戏的设计中，可以吸引更多的年轻玩家，促进游戏市场的发展。数字媒体文创设计也可以通过社交媒体、网络推广等方式，将文化产品传播到更广泛的受众群体中，增加其曝光率和影响力，进一步扩大市场空间。

（4）带动创新创造。某种维度上讲，文创产业发展的核心在于创新创造，是保证其生生不息的关键。尤其是经济市场竞争格局下，唯有不断提升文创产品的创造性和艺术性，才能具备较高的感染力，从而有效吸引受众目光，促进信息传达或消费行为。传统文化元素在数字媒体艺术文创产品设计中的运用，生成了一种别具一格的艺术特色，其本身负载的良好交互性，拉近了作品与受众之间的关系，并根据其相关信息反馈，针对性地调整和优化文创产品呈现形态，达到供需动态平衡。将传统文化元素应用于视觉设计中，如将传统的中国画、书法、剪纸等元素融入数字媒体艺术设计中，创造出独特的视觉体验。设计师可以通过数字媒体技术，创造出交互式的设计，如AR/VR技术等，使观众可以参与到作品中，增强了作品的感染力和互动性。同时，数字媒体技术还可以通过智能化的算法和数据分析，对观众的反馈和行为进行分析和挖掘，为设计师提供优化和创新的思路。

另外，将传统文化元素应用于音乐、舞蹈、戏剧等领域的创作中，也可以创造出新颖、独特的艺术形式。数字媒体技术可以提供更加多样化的表现方式，如虚拟演出、音乐视频等，使传统文化元素更具现代感和互动性，激发艺术家的创造力和想象力。

二、传统文化元素在数字媒体文创设计中的应用手法

（一）故事创作法

数字媒体可以通过动画、游戏、VR等形式，将传统文化元素中的故事进行再现和演绎。例如，可以将传统的神话故事、民间传说、历史事件等制作成游戏或者VR体验，让用户在游戏或者虚拟现实中体验到传统文化元素的魅力。

（二）艺术创作法

数字媒体可以用新的视角和手法，将传统文化元素的元素进行艺术性的创作。例如，可以将传统的绘画、剪纸、刺绣等手艺进行数字化创作，或者将传统的文化符号进行重构和演变，形成新的艺术品。

一个具体的案例是中国风《寻梦》数字媒体艺术展。这个展览将中国风的经典音乐作为背景音乐，以数字媒体技术为手段，将传统文化元素和艺术创作相结合，打造出一系列别具一格的数字艺术作品。首先，展览中采用了传统文化元素的元素。例如，展览中的艺术品采用了传统的国画元素，如山水、花鸟等，同时融入了中国风音乐中的诗意和情感，通过数字媒体技术的处理，呈现出了别具一格的视觉效果。其次，展览中运用了数字媒体技术进

行艺术创作。例如，展览中采用了AR技术，将艺术品与现实场景进行结合，增强了艺术品的沉浸感和交互性。同时，展览中还采用了立体投影等技术，使得艺术品更加立体和丰富，呈现出了数字媒体艺术的独特魅力。最后，展览还通过数字媒体技术的互动性，增强了观众的参与感和体验感。例如，展览中设置了多个互动区域，观众可以通过互动手段，探索艺术品的内涵和艺术家的创作理念，让观众不仅是被动欣赏艺术品，还可以积极地与艺术品进行互动和交流。

因此，通过将传统文化元素和艺术创作相结合，运用数字媒体技术进行再造和重构，以及增强观众的参与感和体验感，中国风《寻梦》数字媒体艺术展成功地将传统文化元素与数字媒体艺术进行了有机融合，创造出了一系列别具一格的数字艺术作品，为数字媒体文创设计领域的发展和创新作出了贡献。

（三）互动体验法

数字媒体可以通过互动方式，让用户在体验中学习传统文化元素知识。例如，可以制作一款传统文化元素知识问答游戏，或者利用AR技术将传统文化元素景点进行数字化展示，让用户在探索中了解传统文化元素的魅力。

例如，北京故宫博物院的"数字故宫"项目。该项目利用数字媒体技术，将故宫博物院中的文化遗产进行数字化展示，并且采用互动方式，让用户在体验中了解传统文化元素知识。

首先，该项目利用了数字媒体技术进行数字化展示。例如，项目中利用了3D扫描技术，将故宫博物院中的文物进行数字化重建，并以虚拟现实、增强现实等方式进行展示。用户可以通过数字媒体技术的手段，了解到传统文化元素中丰富的文物和文化遗产，提高对传统文化元素的认知和兴趣。

其次，该项目通过互动方式，增强了用户的参与感和体验感。例如，项目中设置了多个互动区域，用户可以通过触摸、手势等方式，与数字化展示进行互动，了解文物的详细信息和历史背景，提高了用户的学习效果和体验感。

最后，该项目还运用了人工智能和大数据技术，为用户提供个性化的推荐和服务。例如，项目中采用了语音识别和自然语言处理技术，为用户提供语音导览、语音翻译等服务，提高了用户的游览效率和体验感。

因此，通过数字媒体技术的数字化展示、互动方式的设计和个性化服务的提供，北京故宫博物院的"数字故宫"项目成功地将传统文化元素与数字媒体艺术进行了有机融合，让用户在体验中了解到传统文化元素的魅力，为数字媒体文创设计领域的发展和创新作出了贡献。

（四）创意法

数字媒体可以将传统文化元素的元素融入产品设计中，形成独特的文创产品。例如，可以将传统文化元素的图案、色彩等元素应用到家居用品、服装设计、珠宝设计等领域中，让人们在使用产品的同时感受到传统文化元素的魅力。

一个具体的案例是中国文化产业集团有限公司推出的"中国设计师品牌"系列产品。该系列产品将传统文化元素融入产品设计中，形成了一系列别具特色的文创产品。

首先，该系列产品采用了传统文化元素的图案、色彩等元素。例如，系列产品中的家居用品、服装设计、珠宝设计等产品，都融入了传统文化元素，如龙凤图案、中国红等。这些传统文化元素不仅增加了产品的艺术性和文化性，还让人们在使用产品的同时感受到传统文化元素的魅力。

其次，该系列产品将传统文化元素与现代设计相结合。例如，系列产品中的服装设计采用了现代的剪裁和设计语言，使得传统文化元素更加贴近现代人的审美需求，同时还保留了传统文化元素的特色和传承。

最后，该系列产品还注重了品牌的形象和文化内涵。例如，系列产品中的品牌标识采用了传统文化元素，如中国结等，凸显了品牌的中国文化特色。同时，该系列产品还通过多种途径进行文化推广和传承，如举办文化讲座、设计展览等，提高了人们对传统文化元素的认知和了解。

因此，通过将传统文化元素融入产品设计中，结合现代设计语言和品牌营销策略，中国文化产业集团有限公司的"中国设计师品牌"系列产品成功地将传统文化元素与数字媒体艺术相结合，创造出了一系列别具特色的文创产品，为数字媒体文创设计领域的发展和创新作出了贡献。

以上是数字媒体文创设计与传统文化元素融合的一些方法，设计师可以根据自己的创作需求和目标，选择适合自己的方式进行融合创作。

第三节　传统文化元素在旅游商品文创设计中的应用

一、旅游商品文创设计中融入传统文化元素的意义

旅游商品文创设计是指将旅游产品和文创产品相结合，创造出具有地域特色和文化内涵的旅游商品。旅游商品文创设计不仅可以满足游客的旅游需求，还能够推广和传承当地的文化，促进旅游业的发展和地方经济的繁荣。

在旅游商品文创设计中，融入传统文化元素具有重要的意义和价值，具体体现在以下几个方面。

（1）增加商品的艺术性和文化内涵，提高商品的附加值和吸引力。例如，将传统文化元素融入旅游纪念品的设计中，可以让游客在购买纪念品的同时了解当地的文化特色，增强游客的文化认知和体验感。

（2）推广和传承当地的文化遗产，促进地方文化的发展和传承。例如，将当地传统手工艺品融入旅游商品的设计中，可以保护和传承当地的手工艺术，同时也可以增加当地手工艺品的销售量和知名度。

（3）提高旅游商品的竞争力和市场份额。在旅游商品市场竞争激烈的情况下，具有文化内涵和地域特色的商品更容易吸引游客的关注和购买，从而提高旅游商品的销售量和市场份额。

（4）丰富游客的旅游体验。将传统文化元素融入旅游商品的设计中，可以丰富游客的旅游体验，让游客在旅行过程中更好地了解当地的文化和历史，提高旅游的价值和意义。

（5）增强旅游目的地的品牌形象。将传统文化元素融入旅游商品的设计中，可以突出当地的文化特色和地域特色，提升旅游目的地的品牌形象和知名度，吸引更多游客前来旅游。

（6）促进旅游与文化产业的融合发展。旅游商品文创设计不仅可以推广当地的文化遗产，还可以促进旅游与文化产业的融合发展，形成文旅融合的新模式，促进旅游业和文化产业的共同发展和繁荣。

（7）推动传统文化元素的创新和发展。将传统文化元素融入旅游商品的设计中，可以促进传统文化元素与现代设计的融合和创新，推动传统文化元素的发展和传承。

总之，旅游商品文创设计中融入传统文化元素不仅具有文化传承和保护的意义，还可以提高商品的附加值和市场竞争力，促进旅游业的发展和地方经济的繁荣。

二、传统文化元素在旅游商品文创设计中运用手法

（一）创意故事营销

创意故事营销是指结合当地的传统故事、传说或历史事件，为旅游商品创作独特的故事背景，使商品具有更强的情感价值和传播力。例如，将某一历史人物或事件作为商品设计的主题，让消费者在购买过程中了解并传播这些故事。

设计案例：平遥古城——"平遥守护神"系列旅游商品

背景：平遥古城位于中国山西省，是一座具有2700多年历史的文化古城。平遥古城内有众多古建筑、历史遗迹和民间传说。其中，关公（关羽）被认为是平遥的守护神，关公文化在当地具有深厚的传统底蕴和影响力。

设计理念：以关公为主题，结合平遥古城的建筑风格、地域特色和民间传说，设计一系列"平遥守护神"旅游商品。通过创意故事营销策略，为游客呈现出一个充满传奇色彩的平遥古城。

具体商品设计：

关公雕像：根据关公的形象特点，设计不同风格、材质和尺寸的关公雕像。雕像细节上可以采用平遥地区的建筑元素和图案，使其具有地方特色。

关公主题手绘地图：设计一款以关公为主题的手绘地图，展示平遥古城内与关公相关的历史遗迹、寺庙等。地图上还可以加入关公的传奇故事、民间信仰等元素，让游客在游览过程中了解关公文化。

关公传奇漫画书：以关公为主角，创作一部关于平遥古城历史传说的漫画书。通过漫画的形式，让游客更轻松地了解关公文化，增加游客对平遥古城的好奇心和兴趣。

关公主题服饰：设计一系列关公主题的服饰，如T恤、围巾、帽子等。在设计上可以将关公形象与平遥古城元素相结合，打造具有地域特色的旅游纪念品。

案例分析：通过将关公这一历史人物与平遥古城相结合，创意故事营销策略成功地为游客呈现出一个充满传奇色彩的旅游目的地。这一系列"平遥守护神"旅游商品不仅丰富了游客的购物选择，同时还将关公文化传播给更多的游客，增加了平遥古城的知名度和吸引力。

通过创意故事营销，旅游商品文创设计可以在游客心中留下深刻的印象，让他们在购买旅游纪念品的同时，了解当地的历史文化和传说。这种策略不仅提高了旅游商品的情感价值和传播力，还有助于提升目的地的形象和知名度。

总结：创意故事营销策略将旅游商品与当地的传统故事、传说或历史事件相结合，让游客在购买过程中了解并传播这些故事。以平遥古城的"平遥守护神"系列旅游商品为例，通过将关公文化与平遥古城相结合，成功地吸引了游客，提高了平遥古城的知名度和吸引力。这种策略不仅有助于提升旅游商品的情感价值和传播力，还有助于提升目的地的形象和知名度。

（二）艺术品与文化遗产保护相结合

艺术品与文化遗产保护相结合是一种将旅游商品设计与文化遗产保护紧密联系在一起的方法。通过与当地文化遗产保护机构合作，运用艺术品复制技术，将文化遗产的图案、纹样等元素融入旅游商品设计中，可以提高商品的文化价值，同时在一定程度上帮助保护和传承文化遗产。

案例：敦煌莫高窟——敦煌壁画系列旅游商品

背景：敦煌莫高窟位于中国甘肃省，是世界著名的文化遗产之一。莫高窟内有众多精美的壁画，展现了丰富的历史文化和艺术价值。为了保护这些珍贵的文化遗产，当地政府和文化遗产保护机构采取了一系列措施，其中之一就是开发敦煌壁画系列旅游商品。

设计理念：与敦煌莫高窟文化遗产保护机构合作，运用高精度的艺术品复制技术，将莫高窟壁画的图案、纹样等元素融入旅游商品设计中。通过设计独特的敦煌壁画系列旅游商品，提高游客对敦煌文化的认知和了解，同时为文化遗产保护事业筹集资金。

具体商品设计：

敦煌壁画拓片：采用拓片技术，将莫高窟壁画精确复制在特制的纸张上，使游客可以将这些珍贵的艺术品带回家，同时增加对文化遗产保护的关注和支持（图5-12、图5-13）。

图5-12 "敦煌主题火漆"（1）（作者：范玥洋，指导教师：陈江波）

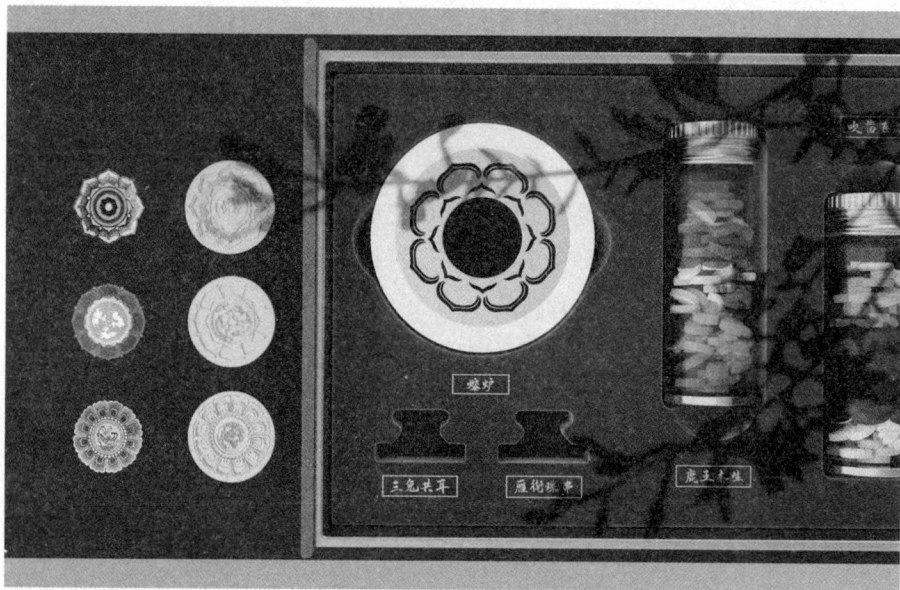

图5-13 "敦煌主题火漆"（2）（作者：范玥洋，指导教师：陈江波）

敦煌壁画丝巾：将莫高窟壁画的图案、纹样等元素印制在高档丝巾上，为游客提供时尚、实用且具有敦煌特色的旅游纪念品。

敦煌壁画陶瓷：运用陶瓷艺术技术，将莫高窟壁画的图案、纹样等元素装饰在陶瓷器皿上，打造具有敦煌特色的家居饰品（图5-14、图5-15）。

图5-14 "砂岩釉如意茶仓"（作者：钱麒光）

图5-15 "乌金釉如意茶仓"（作者：钱麒光）

敦煌壁画邮票：与邮政部门合作，推出一套以莫高窟壁画为主题的邮票，让游客通过邮票收藏、交流，传播敦煌壁画文化，提高文化遗产保护意识。

敦煌壁画立体拼图：设计一款以莫高窟壁画为主题的立体拼图，让游客在娱乐互动中了解壁画艺术和敦煌文化（图5-16、图5-17）。

图5-16 "敦煌主题立体拼图"（1）（作者：赵龄皓，指导教师：陈江波）

图5-17 "敦煌主题立体拼图"（2）（作者：赵龄皓，指导教师：陈江波）

案例分析：通过与敦煌莫高窟文化遗产保护机构的合作，敦煌壁画系列旅游商品成功地将文化遗产的图案、纹样等元素融入旅游商品设计中。这一系列商品不仅提高了游客对敦煌文化的认知和了解，还为文化遗产保护事业筹集了资金。同时，这种设计理念也有助于提高游客对文化遗产保护的关注和支持，从而实现文化遗产保护和旅游发展的双赢。

总结：敦煌莫高窟的敦煌壁画系列旅游商品案例表明，艺术品与文化遗产保护相结合是一种有效的旅游商品文创设计方法。通过与当地文化遗产保护机构合作，运用艺术品复制技术，将文化遗产的图案、纹样等元素融入旅游商品设计中，既提高了商品的文化价值，也在一定程度上帮助保护和传承文化遗产。这种方法有利于提高游客对目的地文化的认知和了解，同时也为文化遗产保护事业筹集资金，实现文化遗产保护与旅游发展的共赢。

（三）定制化设计

定制化设计是针对个体消费者的喜好和需求，提供个性化旅游商品设计服务。通过为游客提供定制化的传统文化元素主题旅行套装、纪念品等，旅游商品文创设计可以满足不同游客的个性化需求，提高游客满意度和购买意愿。

案例：苏州园林定制旅游商品

背景：苏州是中国著名的园林之城，拥有许多世界文化遗产园林，如拙政园、狮子林等。苏州园林以其独特的园林艺术和传统文化元素吸引了大量游客。为满足不同游客的个性化需求，当地开发了一系列定制化苏州园林旅游商品（图5-18、图5-19）。

设计理念：根据不同消费者的喜好和需求，提供定制化的苏州园林主题旅游商品设计服务。这样可以让游客在购买旅游纪念品的过程中，更加深入地了解和体验苏州园林的魅力。

具体商品设计：

定制园林画册：根据游客的喜好，为其定制一本专属的苏州园林画册，包含游客最喜欢的园林景点、照片等。这种定制化的画册既可以作为纪念品，也可以作为礼物送给亲朋好友。

定制园林地图：为游客提供私人定制的苏州园林地图，地图上可以根据游客的兴趣和需求，突出显示他们最感兴趣的园林、景点、活动等。

定制园林纪念品：根据游客的喜好，设计独一无二的苏州园林纪念品，如雕刻游客姓名的园林书签、定制的园林风景画等。

图5-18 "汝窑釉太湖石笔山"（作者：赵金）

图5-19 "汝窑釉太湖石摆件"（作者：赵金）

定制园林旅行套装：为游客提供个性化的苏州园林旅行套装，包括定制的行程规划、导游服务、园林门票等，让游客在游览过程中享受到更加贴心的服务。

案例分析：通过为游客提供定制化的苏州园林旅游商品，满足了不同游客的个性化需求。这种设计理念有助于提高游客满意度和购买意愿，增加旅游目的地的吸引力。同时，定制化设计也为游客提供了更加深入地了解和体验苏州园林文化的机会，使他们在购买旅游纪念品的过程中，更加亲近苏州园林的魅力。

总结：苏州园林定制旅游商品案例表明，定制化设计是一种有效的旅游商品文创设计方法。通过根据不同消费者的喜好和需求，提供定制化的旅游商品设计服务，既满足了游客的个性化需求，也有助于提高游客满意度和购买意愿。此外，定制化设计还能让游客更加深入地了解和体验目的地的文化，从而提高旅游目的地的吸引力。

（四）体验式消费

体验式消费是将旅游商品文创设计与游客亲身参与、体验传统文化元素相结合。通过开设手工艺体验工坊等形式，让游客在体验过程中亲手制作富有传统文化元素特色的旅游商品，既满足了游客的参与欲望，也提高了游客对传统文化元素的认知和理解。以下是一个具体的案例分析：

案例：景德镇陶瓷体验工坊

背景：景德镇位于中国江西省，是著名的陶瓷之都，拥有悠久的陶瓷制作历史和丰富的传统文化元素。为了让游客更好地了解和体验陶瓷文化，当地开设了景德镇陶瓷体验工坊。

设计理念：结合体验式消费趋势，为游客提供亲身参与、体验陶瓷制作的机会。在景德镇陶瓷体验工坊，游客可以亲手制作富有传统文化元素特色的陶瓷旅游商品，从而增强游客对景德镇陶瓷文化的认知和理解。

具体商品设计与体验：

陶瓷制作体验：在景德镇陶瓷体验工坊，游客可以亲手体验陶瓷制作过程，如制作陶瓷泥、拉坯、雕刻、上釉等。在体验过程中，游客可以了解陶瓷制作的技艺和传统文化元素。

陶瓷彩绘体验：游客还可以参与陶瓷彩绘体验，学习传统的陶瓷彩绘技艺，并在陶瓷器皿上绘制自己的设计，创作独一无二的陶瓷旅游纪念品。

陶瓷传统文化元素讲座：景德镇陶瓷体验工坊还会定期举办陶瓷传统文化元素讲座，邀请专家讲解陶瓷历史、技艺、传统文化元素等内容，让游客在参观体验的过程中深入了解陶瓷文化。

案例分析：景德镇陶瓷体验工坊成功地将体验式消费与旅游商品文创设计相结合，让游客在亲身参与、体验陶瓷制作过程中了解和传播陶瓷文化。这种设计理念满足了游客的参与欲望，提高了游客对传统文化元素的认知和理解，同时也为游客创造了难忘的旅行回忆。此外，这种体验式消费还有助于推动景德镇陶瓷文化的传承和发展。

总结：景德镇陶瓷体验工坊案例表明，体验式消费是一种有效的旅游商品文创设计方法。通过结合体验式消费趋势，为游客提供亲身参与、体验传统文化元素的机会，既满足了游客的参与欲望，也提高了游客对传统文化元素的认知和理解。这种方法有助于创造难忘的旅行回忆，推动传统文化元素的传承和发展，同时也为旅游目的地增添了独特的吸引力。

第四节　传统文化元素在包装文创设计中的应用

一、包装文创设计中融入传统文化元素的意义与价值

传统文化元素是包装文创产品设计中不可或缺的重要元素。将传统文化元素与包装设计紧密结合，可以提高包装设计的质量和效果，创造出更具创意和美感的包装设计。在包装文创产品设计活动中，设计人员应该积极融合传统文化元素，不断优化和创新设计，以提高传统文化元素的应用质量。同时，设计元素是影响包装文创产品设计质量的关键因素之一，设计人员需要准确把握设计元素的应用作用，以确保设计的质量达到预期效果。

将传统文化元素与包装文创产品设计相结合，不仅有助于展现传统文化元素，更是一种文化自信的表现。文化自信是对传统文化元素和思想的认同，这种认同有助于让国人形成共同的价值观，从而实现人们精神上的共鸣。传统文化元素种类繁多，每一种元素中都融合着传统文化的精髓。当传统文化元素与包装文创产品设计相结合，不仅能够引发人们产生文化认同感，更有助于增强文化自信心。

包装文创产品设计是一种重要的设计形式，能够丰富产品的文化内涵。在实践设计中，设计人员应该采取创新的方式，将传统文化元素与之紧密结合，引起消费者的共鸣。在思想多元化的今天，人们的思想难以统一，但内心却渴望找到某种力量引起共鸣，找到精神归属感。传统文化元素在文创产品设计中，由于蕴含着天人合一以及大道至简的思想，能够引发人们的共鸣，有助于人们认识自我和认识世界。

　　为提升包装文创产品设计质量，必须在设计环节加强质量控制，将传统文化元素与之紧密结合，并采用创新的表达形式设计，以达到优化设计的目的。运用传统文化元素能够丰富包装文创产品的附加价值，这种价值指的是产品功能外的作用，即产品对人精神的慰藉作用。例如，写意水墨画能给人带来精神愉悦和身心放松，通过这种艺术享受能够体现文创产品的附加价值，进而提升包装文创产品的价值。

　　在保障包装文创产品设计质量的同时，需要采取创新理念，并将传统文化元素与包装文创产品设计相结合，以实现连接的可行性。传统文化元素内涵有着鲜明的特征，主要反映民族精神、国人价值观和审美情趣等方面的集合体。传统文化元素的物化形态也相当重要，随着时代的变迁和历史的积淀发展，民族精神取向、生活规范和行为规范都成了精神内涵和文化载体的重要组成部分，这些都丰富了传统文化元素的主体内容。传统文化元素的内涵体现在民族文化特质方面，与特定独立区域的生活环境和经济方式密切相关，基本内核围绕着儒道等经典理论衍生的自强不息、和谐等精神展开，融合了兼容并包的文化，这是传统文化元素的重要内涵。在包装文创产品设计过程中，设计人员通过将对传统文化元素的理解和传统文化元素紧密联系起来，有助于优化设计。

二、传统文化元素在包装文创设计中的运用手法

（一）借鉴传统包装形式

　　可以参考传统的包装形式，如礼盒、扇子等，结合现代设计理念，创造出独具特色的包装设计。这种方法既展示了传统文化元素的魅力，也符合现代消费者的审美需求。

　　案例：团扇礼盒包装设计

　　背景：团扇作为中国传统的艺术品，具有丰富的文化内涵和独特的审美价值。为了展示团扇的传统韵味，同时满足现代消费者的审美需求，设计师

在团扇礼盒包装设计中借鉴了传统包装形式，并结合现代设计理念。

设计特点：

传统元素：礼盒采用了扇形设计，与团扇的形状相呼应。扇形在中国传统文化元素中象征扇散烦恼、吉祥如意。这种包装形式既体现了团扇的文化内涵，又符合礼盒的功能需求。

现代设计：在礼盒的材质、色彩、图案等方面，设计师运用了现代设计手法。例如，采用环保可降解的材料制作礼盒，既体现了环保理念，又保证了产品的高品质感。此外，设计师在礼盒上运用了简约的线条和色彩搭配，以及现代版的传统图案，使包装设计既具有传统韵味，又符合现代消费者的审美需求。

案例分析：

通过借鉴传统包装形式，结合现代设计理念，设计师成功地为团扇礼盒创造出了独具特色的包装设计。这种设计既展示了团扇的传统文化元素魅力，又满足了现代消费者的审美需求，提高了产品的附加价值和市场竞争力。

这个案例表明，在包装文创设计中，运用传统包装形式的借鉴与现代设计理念的结合，可以实现对传统文化元素的传承和创新，使产品更具吸引力。通过这种方式，设计师不仅可以提升产品的文化价值，还能满足现代消费者的审美需求，为产品赢得更广泛的市场认可。

（二）交互式设计

将现代科技与传统文化元素相结合，为包装设计增加交互性。例如，可以在包装上添加二维码或者NFC标签，引导消费者通过手机扫描，观看关于产品背后的传统文化元素故事、手艺制作过程等多媒体内容。这种设计可以让消费者更深入地了解和体验传统文化元素，提高产品的吸引力和附加价值。

案例：茶叶包装的交互式设计

背景：茶叶是中国传统文化元素的重要组成部分，具有丰富的历史背景和文化内涵。为了让现代消费者更好地了解和体验茶文化，设计师在茶叶包装设计中运用了交互式设计，将现代科技与传统文化元素相结合。

设计特点：

二维码与NFC标签：在包装上添加二维码或NFC标签，引导消费者通过手机扫描。消费者扫描后，可以观看关于茶叶历史、茶艺表演、茶道教程等多媒体内容，更深入地了解和体验茶文化。

增强现实（AR）技术：通过运用增强现实技术，当消费者扫描包装上的二维码或NFC标签时，手机屏幕上会出现三维立体的茶叶、茶具等模型，用户可以通过手机屏幕与这些模型进行互动，提高体验的趣味性和沉浸感。

社交媒体互动：包装设计中还可以加入社交媒体的元素，鼓励消费者在社交平台上分享自己的茶文化体验，促进产品的传播和推广。

案例分析：

通过运用交互式设计，设计师成功地将现代科技与传统茶文化相结合，为茶叶包装增加了交互性。这种设计让消费者在购买茶叶的同时，能够更深入地了解和体验茶文化，提高了产品的吸引力和附加价值。

这个案例表明，在包装文创设计中，运用交互式设计的方法可以将现代科技与传统文化元素相结合，让消费者在购买过程中更好地了解和体验传统文化元素。通过这种方式，设计师不仅可以提升产品的文化价值，还能增加消费者的参与度，为产品赢得更广泛的市场认可。

（三）情感设计

将传统文化元素中的情感元素融入包装设计，让消费者在购买过程中产生情感共鸣。例如，可以运用故事、诗词等元素表达传统文化元素中的美好情感，提高产品的情感价值和传播力。

案例：月饼礼盒的情感设计

背景：月饼是中国中秋节时的传统食品，承载了团圆、家庭和友情等美好情感。为了让消费者在购买过程中产生情感共鸣，设计师在月饼礼盒的包装设计中运用了情感设计，融入了传统文化元素中的情感元素。

设计特点：

故事元素：包装设计中运用了关于中秋节的传统故事，如嫦娥奔月、吴刚伐桂等。通过这些富有情感的故事，让消费者在购买月饼时感受到中秋节的温馨氛围和浓厚传统文化元素气息。

诗词元素：在礼盒的设计中，添加了古代诗人对月圆之夜的赞美诗词，如"举头望明月，低头思故乡"等。这些诗词不仅表达了对月亮的赞美，还传达了对家人、亲朋好友的思念之情，让消费者在购买过程中产生情感共鸣。

视觉元素：包装设计中还加入了具有传统文化元素象征的视觉元素，如月亮、桂花、兔子等。这些元素不仅具有很强的视觉吸引力，还能引发消费者对传统文化元素中美好情感的共鸣。

个性化定制：礼盒还提供个性化定制服务，让消费者可以在礼盒上添加自己想要传达的祝福语或心意，为亲朋好友送上特别的祝福。

案例分析：

通过运用情感设计，设计师成功地将传统文化元素中的情感元素融入月饼礼盒的包装设计中。这种设计让消费者在购买过程中产生情感共鸣，提高了产品的情感价值和传播力。

这个案例表明，在包装文创设计中，运用情感设计的方法可以将传统文化元素中的美好情感传达给消费者，让他们在购买过程中感受到温馨、愉悦的氛围。通过这种方式，设计师不仅可以提升产品的文化价值，还能为产品赢得更广泛的市场认可和口碑传播。

（四）可持续发展理念

可持续发展理念：在设计包装文创产品时，充分考虑环保和可持续发展理念，利用环保材料和可持续生产方式，将传统文化元素与绿色环保相结合。这样既可以提高商品的附加价值，也有利于传统文化元素的传承和保护。

案例：环保手提布袋的包装文创设计（图5-20）

背景：随着人们对环保意识的逐渐提高，越来越多的设计师开始将可持续发展理念融入包装设计中。在这个案例中，设计师将传统文化元素与环保手提布袋相结合，为消费者提供了一种既美观又环保的包装选择。

设计特点：

环保材料：在包装设计中，使用了可循环再生的布料或者生物降解材料制作手提袋，减少了对环境的污染和资源浪费。

传统文化元素：在手提布袋的设计中，融入了各种传统工艺和文化元素，如扎染、编制、刺绣等，将传统工艺与绿色环保相结合。

图5-20　"扎染环保帆布袋"（作者：钱麒光）

节约资源：手提布袋可重复使用，不仅节约了资源，还能减少传统一次性包装材料的浪费和污染。

宣传环保：在包装设计上，可以加入宣传环保的标语和图案，倡导消费者关注环保、支持可持续发展。

案例分析：

通过将可持续发展理念融入包装文创设计中，设计师成功地将环保手提布袋与传统文化元素相结合，为消费者提供了一种既美观又环保的包装选择。这种设计既提高了商品的附加价值，也有利于传统文化元素的传承和保护。

这个案例表明，在包装文创设计中，运用可持续发展理念的方法将传统文化元素与绿色环保相结合，体现产品的环保意识和社会责任感。通过这种方式，设计师不仅可以提升产品的文化价值，还能为产品赢得更广泛的市场认可和消费者喜爱。

第五节　传统文化元素在服装文创设计中的应用

一、服装文创设计中融入传统文化元素的意义与价值

当前，我国服装市场竞争越来越激烈，越来越多的服装设计师意识到，只有不断进行创新研究，才能提升自身的竞争力。传统文化元素蕴含着丰富的文化色彩，给服装设计师带来无限的创意空间。在服装文创设计中应用传统文化元素，有利于文化的发展与延伸，为服装文创设计注入了新鲜的血液。图案设计是服装文创设计中一个非常重要的组成部分，特别是在经济全球化的背景下，服装设计师应在服装文创设计中融入具有民族特色的传统文化图案元素，增强服装设计中的民族特色，弘扬传统文化，设计出彰显我国民族文化特色的服装。这样有利于将传统文化融入服装设计中，打造具有自身民族特色的品牌，使得我国传统文化走上世界的舞台。

传统文化的形成与发展是经过长时间的不断累积，体现了一个国家的精神风貌与文化涵养。在服装文创设计中融入传统文化元素，有利于设计师寻找创作灵感，不仅可以提高服装的审美价值，还可以使得服装更具有艺术感。服装设计师在运用我国传统文化元素时，一般会考虑到大众的审美要求，满足大众的基本需求。我国传统图案丰富多彩、寓意深刻，在服装设计中结合传统文化元素运用现代化的手法处理，可以使服装更符合现代人的审美要求。在服装设计中运用传统文化元素在当今社会越来越受到大众的喜

爱，已经成为服装设计发展的一种潮流趋势。一方面，对传统文化元素的使用，在很大程度上有利于弘扬我国优秀的传统文化，并且在服装设计方面的不断创新研究，有利于实现文化创新，促进服装设计行业的迅速发展。另一方面，传统文化元素在服装设计中的实现，体现了传统文化的涵养，从根本上奠定了服装设计的文化价值与创作力，这对于我国服装设计行业的发展有着重要的意义。

服装设计行业不断创新发展，传统文化元素与现代设计理念的相互融合是未来服装行业发展的一种必然。在服装文创设计中，设计师应该巧妙地将传统文化元素用现代化的设计手法展现出来。设计师在设计时要做到中西合璧，既要融入中国传统元素，也要学习西方优秀的设计，从中汲取精华用于自己的服装设计中。国外一些服装设计师在设计服装作品时，常常运用中国传统文化元素，通过他们自己的理解和想象，将中国传统元素用西方的设计手法表现出来，使设计出来的服装别具一格，呈现出一种别样美。因此，我国设计师可以学习西方设计师的做法，不是一味地模仿，而是在学习中推陈出新，将所学的东西用自己的想法表现出来，从而使设计出来的作品具有自身特色。总而言之，服装设计的方式多种多样，只有不断地探索，才能有更大的收获。

二、传统文化元素在服装文创设计中的运用手法

（一）传统服饰的改良

对传统服饰进行改良和创新，使其更加符合现代审美和生活方式。例如，将汉服、旗袍等传统服饰进行现代化改良，既保留了传统文化的精髓，又满足了现代人的穿着需求。

案例："新汉服"系列服装文创设计（图5-21）

背景：传统汉服是中国传统文化的重要载体，具有悠久的历史和丰富的文化内涵。然而，随着现代化的发展，汉服的穿着在日常生活中已经较为罕

见。为了传承和发扬这一民族特色服饰，设计师设计了"新汉服"系列，对传统汉服进行了创新和改良，使其更加适应现代生活和审美需求。

设计特点：

保留传统元素：新汉服在设计上保留了传统汉服的基本元素，如立领、对襟、宽袖等，同时还采用了传统的图案和纹样，如云纹、龙纹等，体现了浓厚的中国风格。

现代化改良：针对现代人的穿着习惯和审美需求，新汉服在剪裁、面料和配色等方面进行了改良。例如，运用现代面料，如丝绸、棉麻等，以及采用了更符合现代审美的色彩搭配，如低调的黑白灰、高级的宝蓝、翠绿等。

实用性：新汉服在设计上注重实用性，以满足现代生活的需求。例如，增加口袋、调整裙长等，使其更适合日常穿着和各种场合。

多样化：新汉服系列提供了多种款式供消费者选择，如长袍、短裙、马褂等，适合不同年龄、性别和身材的人群。此外，新汉服还可与现代时尚元素相结合，如搭配牛仔裤、短靴等，形成独特的个性穿着风格。

案例分析：

新汉服的推出不仅有助于传统文化的传承和发扬，还能够满足现代人对服饰的审美和实用需求，为消费者提供了更多的选择空间。此外，新汉服在设计上的创新和改良也为其他传统服饰的发展提供了参考和借鉴，有助于推动服装文创设计的发展。

图5-21 "新中式服装设计"（作者：刘欣儒，指导教师：刘旭、刘思如、白杨）

（二）传统工艺的运用

利用传统手工技艺，如刺绣、蜡染、扎染等，可以为服装设计增添独特的艺术价值。这种方式不仅可以保留民间艺术的原汁原味，还能让消费者更加了解和欣赏传统文化（图5-22）。

图5-22 "扎染T恤（局部）"（作者：钱麒光）

（三）传统文化与新材料的结合

尝试将传统文化元素与新型环保材料相结合，创造出具有独特魅力的服装设计。这种结合可以提高设计的创新性，同时强调环保理念，体现可持续发展的价值观。

第六章 传统文化背景下的文创产品开发、推广及营销

　　传统文化是一个国家或地区的独特遗产，将传统文化融入文创产品进行开发、推广及营销，可以保护和传承这些文化遗产。传统文化在国内外都有着庞大的受众群体，将传统文化与现代文创产品相结合，可以拓展文化产品的受众范围，挖掘潜在市场。在当今世界文化多元化的背景下，传统文化是一个国家或地区与众不同的标志。过将传统文化融入文创产品开发、推广及营销，可以增强人们对自己文化的自信心和认同感。同时，文创产品开发、推广及营销是一种新兴的产业形态，将传统文化融入其中，不仅可以创造出新的文化产品，还可以为社会创造新的就业机会和经济效益。本章将对传统文化背景下的文创产品开发、推广及营销展开论述。

第一节　文创产品的开发

一、文创产品开发的概念与流程

传统文化背景下的文创产品开发是指利用传统文化元素，结合创意、设计、制造等多个领域的技能和知识，将文化内涵赋予产品，从而创造出独具特色、与众不同的产品。传统文化元素文创产品的开发可以涉及多个领域，包括但不限于文创、设计、制造、营销等。

传统文化背景下的文创产品的开发流程通常包括以下几个步骤。

（1）传统文化元素策划：传统文化元素是文创产品开发的核心，必须从传统文化元素的选题、深度挖掘、创意构思等方面入手，确定产品的核心主题和文化内涵。

（2）设计创意策划：在确定传统文化元素后，需要进行设计创意策划，包括设计方案、视觉效果、创新构思、产品形态等。

（3）原型制作：完成设计创意策划后，需要进行原型制作，通过模型或者手工制作等方式，将设计创意具体化。

（4）产品制造：制作原型后，需要根据实际情况进行产品制造，包括生产、加工、工艺等方面。

（5）营销推广：产品制造完成后，需要进行营销推广，包括宣传、渠道拓展、市场营销等方面。

在整个传统文化背景下的文创产品开发过程中，需要关注产品的文化内涵、创意设计、产品制造、营销推广等多个方面，以保证产品的独特性和市场竞争力。

二、文创产品的开发模式

传统文化背景下的文创产品的开发模式主要有以下几种。

（一）整合式开发模式

整合式开发模式是将产品开发的各个环节有机地结合起来的模式。在这种模式下，策划、创意、原型、生产、销售和运营等环节不再是相对独立的，而是紧密协调、相互支持、相互补充的。这样可以使得整个开发过程更加高效、协调、灵活，能够快速响应市场需求和用户反馈。

具体来说，整合式开发模式通常包括以下几个环节。

策划阶段：确定产品的主题、形式和内容，同时考虑市场定位和目标用户，制定开发计划和时间表。

创意阶段：根据策划阶段确定的目标和要求，进行创意构思，设计产品的外观、功能、交互方式等。在这个阶段，可以利用市场调研和用户反馈等信息，不断进行优化和改进。

原型制作：根据创意，制作出产品的原型，并进行测试和改进。在这个阶段，可以利用用户反馈和测试结果等信息，不断进行优化和改进，直到达到预期效果。

生产阶段：确定产品的材料、工艺和生产流程，进行批量生产。在这个阶段，可以利用生产过程中的反馈信息，对产品进行再次优化和改进。

销售与推广：确定销售渠道和销售策略，进行产品宣传和推广，吸引目标用户。在这个阶段，可以根据市场反馈和用户反馈等信息，不断进行销售和推广策略的优化和改进。

运营与服务：产品上市后，需要进行后续运营和服务，包括用户反馈处理、产品升级、市场调研等。在这个阶段，可以利用用户反馈和市场调研等信息，对产品进行再次优化和改进。

综上所述，整合式开发模式将融入传统文化元素的文创产品开发的各个环节有机地结合起来，通过紧密协作和不断优化改进，使得产品能够更好地满足市场需求和用户需求。

（二）垂直式开发模式

垂直式开发模式是将产品开发分为不同层次和专业领域的模式。在这种模式下，不同的层次和领域专门负责特定的工作，以确保产品质量和效率。这种模式通常适用于较为复杂的文创产品，需要多个领域的专业人才参与开发。

具体来说，垂直式开发模式通常包括以下几个层次。

策划层：负责制定产品策划、市场调研和用户需求分析等工作，确定产品的基本方向和目标用户。

创意层：负责根据策划层确定的目标和要求，进行创意构思，设计产品的外观、功能、交互方式等。

原型层：负责根据创意层的设计，制作产品的原型，并进行测试和改进。

工程层：负责确定产品的材料、工艺和生产流程，进行批量生产。

销售层：负责确定销售渠道和销售策略，进行产品宣传和推广，吸引目标用户。

运营层：负责产品上市后的运营和服务，包括用户反馈处理、产品升级、市场调研等。

在垂直式开发模式中，每个层次和领域专门负责特定的工作，可以确保产品质量和效率。然而，不同层次和领域之间的沟通和协调也是非常重要的。各层次和领域之间需要密切协作和沟通，及时处理和解决问题，以确保整个开发过程的顺利进行。

（三）众创式开发模式

众创式开发模式是将产品开发过程开放给社会大众参与的模式。在这种模式下，任何有创意和灵感的人都可以参与到产品的开发过程中来，这可以吸收更多的创意和灵感，形成更加多样化的产品，从而提高产品的创新性和竞争力。

具体来说，众创式开发模式通常包括以下几个特点。

开放性：产品开发过程对社会大众开放，任何有创意和灵感的人都可以参与到产品的开发过程中来。

多样性：参与者来自不同领域、不同传统文化背景和不同年龄段，可以提供各种各样的创意和灵感，形成更加多样化的产品。

协作性：参与者之间需要进行协作和沟通，共同完成产品的开发过程。需要花费更多的时间和精力来协调和管理参与者。

开放式知识共享：参与者在开发过程中共享自己的知识和技能，相互学习和进步。

众创式开发模式具有很高的灵活性和创新性，能够吸收更多的创意和灵感，形成更加多样化的产品。但是，在这种模式下，需要花费更多的时间和精力来协调和管理参与者。此外，由于参与者来自不同领域和传统文化背景，沟通和协作可能会面临一些挑战。

（四）合作式开发模式

合作式开发模式是与其他企业或机构合作开发产品的模式。在这种模式下，各方可以共享资源和风险，提高产品的创新性和市场竞争力。合作式开发模式通常适用于需要跨领域、跨行业合作的文创产品开发。

具体来说，合作式开发模式通常包括以下几个特点：

合作伙伴：包含传统元素的文创产品开发需要与其他企业或机构合作，可以共享资源和风险。合作伙伴可能来自不同领域、不同行业和不同地域，需要协调各方的利益和目标，确保合作的顺利进行。

资源共享：合作伙伴可以共享各自的资源，如技术、人力、资金等，以提高产品的创新性和市场竞争力。

风险共担：合作伙伴可以共担风险，降低单方面承担风险的弊端。

知识交流：合作伙伴可以共享各自的知识和经验，相互学习和进步。

合作式开发模式具有很高的创新性和市场竞争力，能够共享资源和风险，提高产品的质量和效率。但是，在这种模式下，需要协调各方的利益和目标，确保合作的顺利进行。此外，由于合作伙伴来自不同领域和行业，可能会面临一些沟通和协调的挑战。

三、新媒体背景下的传统元素文创产品的开发

在新媒体的背景下，传统元素文创产品的开发借助文化实体产业的支持，将具有地域特色的优秀文化通过产品的形式呈现，进一步丰富了地方美术馆、纪念馆、博物馆等文化场所的表现形式。这些产品注入了新的生命力和活力，为地域性文化的继承与推广作出了积极贡献。随着互联网的快速发展，新媒体与传统元素文创产品逐渐融合，包括网络推广渠道、数字媒体技术、媒体互动装置等诸多新媒体形式都与传统元素文创产品的开发密切相关，为文化产业的蓬勃发展注入了强劲的动力。

（一）传统元素文创产品的开发价值

传统元素文创产品是基于地域性文化衍生出的一种新型文化产品，既为本地域带来了巨大的经济效益，又起到了传承优秀地域文化和提高地域知名度的作用。在新媒体的背景下，传统元素文创产品与各种新媒体形式相结合，可以激发地域文化的价值，促进当地文博、美术馆、纪念馆等文化产业的持续循环发展，从而推动地域文化与文化产业的同步振兴。

传统元素文创产品的推广，可以实现地域文化的广泛推广和品牌打造。地域文化反映了当地人文特点和地方风情，具有独特的民俗风情和魅力，吸引人们了解和关注。但由于地域文化多以无形状态存在，传递时难以得到有效的保存，因此无法在大范围内广泛推广。传统元素文创产品将地域文化通过实体形式呈现出来，增强了地域文化的传承和品牌识别功能。通过新媒体推广地域文化，塑造文化的独特性和品牌性，实现地域文化的持续传承。例如，八大山人纪念馆深入挖掘八大山人文化内涵，将其与文创产品相结合，设计出具有纪念馆特色的文创产品，有效推动了八大山人文化的广泛传承。

传统元素文创产品充分挖掘地域文化所蕴含的价值，通过多种形式再现地域文化，加深人们对地域文化的理解，促进不同地域文化之间的交流和融合。地域文化在传承中受到地方民俗风情的影响，具有独特的文化内涵，但表达方式过于含蓄，难以深入理解。传统元素文创产品通过手工制作、明信片、挂饰等多种形式，呈现出地域文化所蕴含的内涵，为人们理解地域文化提供可视化渠道，促进地域文化之间的交流和融合。

传统元素文创产品的发展形成了文化产业链，拓展了地方文化产业的发展模式，提高了地域经济效益，增强了地域文化的核心竞争力。以美术馆、纪念馆、博物馆为主体的地域文化，作为本地区精华文化的凝聚和再现，拥有巨大的经济价值。传统元素文创产品通过形成文化产业链，将区域文化的经济价值展现出来，创新地方文化产业的发展模式。同时，传统元素文创产品作为文化经济发展的主力军，通过专业化的经济运作模式，为本地区带来巨大的经济收益，满足人们对区域文化的需求。

（二）传统元素文创产品的开发策略

传统元素文创产品的开发不仅具有文化价值，也有经济价值。为充分发挥地域文化价值，传统元素文创产品需与新媒体相结合，利用新媒体创新传统元素文创产品的表现形式，加入地域情感表达，实现文创产品的形态优化与内容革新。

首先，新媒体推广矩阵可以激发传统元素文创产品的开发活力。美术馆、博物馆、纪念馆等文化场所蕴含着丰富的地域文化内涵，由此所衍生的文创产品具有深刻价值底蕴。但由于时空与场所限制，文创产品难以大范围宣传，禁锢了传统元素文创产品的开发活力。新媒体推广矩阵为传统元素文创产品的推广与创新提供了有效渠道，传统元素文创产品可通过微信公众号、微博账号、短视频平台搭建文创产品宣传矩阵，根据不同新媒体平台的推广特点推出相适配的传统元素文创产品，利用新媒体平台矩阵功能打破时间与空间对文化推广的限制，将地域文化广泛推广到社会各处，激发传统元素文创产品的开发活力，并为后续文创产品的开发打好基础。

其次，数字媒体技术可创新传统元素文创产品的表现形式。数字媒体技术通过可穿戴设备将人们带入虚拟场景中，使人们在沉浸式氛围中近距离感受场景中的内容。传统元素文创产品可将数字媒体技术融入文化产品中，利用VR与AR等虚拟再现设备为人们营造出地方美术馆、纪念馆中的独特场景，使人们在与地方文化的互动中体验区域文化的独特魅力，加深对地域文化的理解。同时，传统元素文创产品还可利用数字媒体技术制作H5与3D建模文创产品，将地域文化用立体化形式展示出来，多维度对传统元素文创产品形式进行创新，增强文创产品的竞争力。

最后，传统元素文创产品的开发需要注重文化和商业价值的平衡。传统元素文创产品的开发应该以文化价值为基础，但同时也要考虑商业价值的提升。文化与商业的相互作用是传统元素文创产品能够持续发展的重要动力。在传统元素文创产品的开发过程中，需要对市场需求进行分析和预测，根据市场需求开发相应的传统元素文创产品，并在营销策略上加以推广，使传统元素文创产品的文化价值与商业价值相得益彰。

传统元素文创产品作为推广地域文化的媒介，有力地扩展了地域文化的呈现形式，为促进区域经济的发展和文化产业模式的升级提供了新的推动力。为了让传统元素文创产品保持持续的创新力，必须顺应新媒体的发展趋势，借助数字媒体技术和互动装置，扩大传统元素文创产品的推广范围，再现地域文化中蕴含的情感，并加深公众对地域文化的理解。这样可以激发传统元素文创产品的开发活力，实现其持续循环发展。

第二节　文创产品的推广渠道和方式

一、网络媒体推广

网络媒体是文创产品推广的重要渠道之一。随着互联网的发展，人们的媒体消费习惯也发生了巨大的变化，网络媒体成为人们获取信息和娱乐的重要来源之一。文创产品可以通过网络媒体进行推广，吸引目标用户的关注和关心。

（一）网络媒体推广的优势

网络媒体推广的优势主要体现在以下几个方面。

（1）覆盖面广：网络媒体是互联网上的媒体形式，可以在全球范围内推广文创产品。相较于传统媒体，网络媒体的推广范围更广，更具有灵活性，能够满足文创产品推广的多样化需求。

（2）时效性强：网络媒体传递信息的速度很快，可以迅速反映市场变化，快速推广新的文创产品。当有新的传统文创产品上市时，可以通过网络媒体快速宣传和推广，使消费者更快地了解和认知产品。

（3）目标定位精准：网络媒体的用户分布比较明确，可以根据目标用户的特征进行广告投放，强化宣传效果。网络媒体平台上的广告投放机制可以根据用户的兴趣、行为等多个方面进行定位，提高广告的投放效率，减少无效投放。

（4）互动性强：网络媒体具有互动性，可以通过用户评论和分享等方式加强用户与文创产品之间的互动，增强用户的参与感和体验感。在网络媒体平台上，用户可以与文创产品进行实时交流，提供反馈和建议，促进产品的不断改进和优化。同时，用户也可以通过分享和点赞等方式推广产品信息，扩大产品的影响力。

（二）网络媒体推广的方式

网络媒体推广的方式主要体现在以下几个方面。

（1）搜索引擎优化（SEO）：通过对传统文创产品网站进行优化，提高在搜索引擎中的排名，增加用户访问量和转化率。这需要对网站进行关键词优化、内容优化、内部链接建设等方面的工作，提高网站在搜索引擎中的曝光率和排名。

（2）社交媒体营销：利用社交媒体平台（如微信、微博、抖音、快手、小红书等）进行文创产品的宣传和推广，吸引用户的关注和参与。在社交媒体平台上，可以通过发布吸引人的内容、参与热门话题等方式，吸引用户的关注，提高产品的知名度和影响力。

（3）搜索引擎营销（SEM）：通过在搜索引擎中投放广告，提高传统文创产品的曝光率和点击率。这需要选择合适的关键词，设置广告投放位置和时间等，以吸引目标用户的点击和转化。

（4）电子邮件营销：通过邮件推送的方式，将传统文创产品的宣传信息传递给目标用户。这需要建立邮件列表，定期发送邮件内容，吸引用户的关注和参与。

（5）内容营销：通过制作吸引人的文案和图片等内容，吸引用户的关注和参与。这需要深入了解目标用户的需求和兴趣，制作符合用户需求的内容，提高产品的吸引力和价值。

（6）KOL合作：与网络红人或网红机构合作，利用他们的粉丝基础进行文创产品的宣传和推广。这需要选择合适的KOL，根据其影响力和粉丝基础，选择合适的合作方式和推广策略，提高产品的知名度和影响力。

（三）网络媒体推广的注意事项

网络媒体推广需要注意以下几点。

（1）监测和优化：需要对推广效果进行监测和优化，及时调整推广策略和方案。可以通过数据分析、用户反馈等方式，了解用户的需求和反馈，针对性地进行优化和调整，提高推广效果和用户满意度。

（2）合规经营：需要遵守互联网法规和规范，避免产生不良影响和法律风险。例如，需要保护用户的个人信息和隐私，避免泄漏用户的敏感信息。同时，也需要遵守广告宣传的相关规定，避免虚假宣传和误导用户。

（3）创新和差异化：需要从众多传统文创产品中脱颖而出，通过创新和差异化的方式吸引用户的关注和关心。可以通过创新的产品设计、互动体验、内容营销等方式，提高产品的独特性和差异性，吸引用户的兴趣和关注。

（4）目标定位和精准投放：需要根据目标用户的特征进行广告投放，强化宣传效果。可以通过用户画像、兴趣爱好、地域等方式，对目标用户进行精准定位和投放，避免广告浪费和效果不佳。

（5）互动和用户参与：需要增强用户的参与感和体验感，提高用户黏性和忠诚度。可以通过用户评论、分享、点赞等方式，加强用户与文创产品之间的互动和沟通，提高用户参与度和品牌认知度。同时，也需要关注用户反馈和意见，及时进行调整和改进，提高用户满意度和口碑效应。

值得注意的是，网络媒体虽然具有很多优势，但是同样面临着一些挑战和风险。例如，网络媒体存在虚假宣传、信息泄露等问题，这些都需要引起开发者的高度关注和重视。因此，在网络媒体推广传统文创产品时，需要建立完善的风险管控机制，确保传统文创产品的知识产权安全，避免潜在的风险和问题。

总之，网络媒体作为文创产品的推广渠道之一，具有广阔的发展前景。在推广传统文创产品的过程中，需要根据具体情况选择不同的推广方式和手段，并注意细节和风险管理。通过这些努力，可以为文创产品的宣传和推广打下良好的基础，提高文创产品的市场竞争力和知名度，实现良好的商业回报。

（四）案例——博物馆文创产品携手网络平台推广

2022年12月26日至2023年1月7日，中国文物报社、抖音电商携手全国25家博物馆举办首届"文创年货节·博物馆里过新年"活动，打造一系列短视频和直播内容，展示博物馆的珍藏文物、科普文博知识；通过抖音商城等电商货架功能，推介博物馆文创精品。

活动期间，方琼、杨藩讲艺术等十余位抖音电商达人将开启直播带货助力博物馆文创销售；超百款博物馆文创产品也将亮相抖音电商"文创年货节"线上专区，满足消费者文化消费需求，让更多人在品味浓浓年味的同时，领略传统文化之美。用户打开抖音搜索"博物馆里过新年"即可了解活动、参与话题互动。

在本次"文创年货节"活动中，中国人民革命军事博物馆、苏州博物馆、江西省博物馆、河南博物院、三星堆博物馆、甘肃省博物馆等25家全国各地博物馆，借由方寸之间的屏幕，通过短视频和直播的方式，带领文博知识爱好者深入博物馆"考古"文物故事，揭开珍贵文物背后的传奇历史。

"热爱传统文化的人越来越多，人们热衷于感受传统文化的典雅，用传统文化滋养内心，借助抖音短视频，持续稳定地输出有价值的内容成为博物馆推广传统文化的重要方式。"江西省博物馆馆长叶蓉表示，抖音电商已经成为人们购物的主要方式之一，博物馆文创产品一定要入局。利用抖音电商来推广和销售文创产品可以覆盖更多的人群，也更加贴合人们的生活方式。

河南博物院院长马萧林认为，借助抖音短视频和直播带货等互联网新方式，年轻人对河南和黄河文化有了全新的认识，非遗商品、手工艺品实实在在地走进了年轻人的生活，不仅有利于黄河文化"活"起来，更有利于黄河文化传下去。

12月29日至30日，众多优质电商达人开启了"博物馆文创"专场或混场直播带货，为消费者带来甘肃省博物馆的"绿马"毛绒玩具、拖鞋，敦煌文创的乐舞敦煌书签、飞天揽月帆布包，苏州博物馆的"瑞兔绣春·2023春节年礼福袋"等诸多文创好物。

抖音电商还在平台内上线了"文创年货节"专区，打造了"文博直播""文韵迎新""文创好物"板块集中展示和推介百余款特色文创，供消费者选购。此外，本次活动还推出#博物馆里过新年、#看见手艺计划、#抖音博物馆等多个抖音话题，吸引更多博物馆、电商达人和用户创作短视频内容、参与平台活动，分享文博知识和文创好物。

二、影视媒介推广

随着现代人对于电影、电视等影视媒介的喜爱和需求的不断增加，影视媒介也成为传统文创产品推广的热门渠道之一。影视媒介不仅具有广泛的推广范围和深入人心的能力，同时还能够借助影视作品的宣传推广，提高传统文创产品的知名度和市场竞争力。

（一）影视媒介推广的优势

覆盖面广：影视媒介的受众面广，可以在全球范围内推广传统文创产品。随着网络化时代的到来，影视作品也能够通过各种渠道进行推广，覆盖面更加广泛，具有更高的推广效果。

市场影响力大：影视作品具有较强的市场影响力和较高的关注度，能够吸引更多的用户关注。一部优秀的影视作品不仅能够赢得观众的喜爱，还能够引起社会的热议和讨论，提高传统文创产品的知名度和影响力。

故事性强：影视作品具有生动的故事性和情感表达，能够将传统文创产品更好地融入用户的生活中去。通过影视作品中的故事情节和角色形象，能够更好地传达产品的核心价值和品牌形象，让用户更加深刻地记住产品。

传递力强：影视作品的信息传递速度快，能够迅速反映市场变化，快速推广新的传统文创产品。通过影视作品的宣传，能够快速地将产品信息传递给大众，提高产品的曝光率和市场竞争力。同时，影视作品的娱乐性和互动性也能够更好地吸引用户的关注和参与。

（二）影视媒介推广的方式

电视媒体：可以通过电视台的广告和赞助等方式，在电视媒介中推广传统文创产品。通过选择合适的电视媒体，将传统文创产品的宣传信息传递给目标受众，提高产品的知名度和市场竞争力。

电影媒体：可以通过电影的宣传和推广，在电影院中推广传统文创产品。通过与电影公司合作，将传统文创产品的宣传信息融入电影中，吸引更多的用户关注和参与。

网络媒体：可以通过前面论述的网络媒体与在线视频网站（如优酷、爱奇艺等）合作的影视作品进行宣传和推广，吸引用户的关注和参与。通过选择合适的网络媒体平台，将传统文创产品的宣传信息传递给目标用户，提高产品的曝光率和市场影响力。

广告投放：可以在影视媒介中投放广告，提高传统文创产品的曝光率和点击率。通过选择合适的广告投放位置和时间，将传统文创产品的宣传信息传递给目标用户，提高产品的知名度和市场竞争力。

策划合作：可以与影视公司合作，利用影视作品的宣传力量，提高传统文创产品的知名度和市场竞争力。通过与影视公司共同策划影视作品的内容和宣传策略，将传统文创产品的宣传信息融入影视作品中，提高产品的影响力和用户认知度。

（三）影视媒介推广的注意事项

宣传策略的制定：需要制定合适的宣传策略和方案，根据不同的目标用户进行精准推广。在制定宣传策略时，需要充分了解目标用户的需求和兴趣，针对性地制定宣传策略，强化宣传效果和转化率。

创意和创新：需要通过创意和创新的方式吸引用户的关注和参与，脱颖而出。在推广过程中，需要不断探索新的推广方式和宣传内容，提高宣传的吸引力和差异化竞争力。

合规经营：需要遵守相关法规和规范，避免产生不良影响和法律风险。在推广过程中，需要注意宣传内容的真实性和合法性，避免虚假宣传和误导用户。同时，还需要遵守相关的广告法规和规范，确保广告的合规经营。

品牌形象的塑造：需要注重品牌形象的塑造和传递，在宣传过程中强化品牌价值和形象。通过影视媒介的推广，可以将产品的特点和价值融入影视作品中，增强用户的认知和品牌忠诚度。

数据分析和效果评估：需要对推广效果进行数据分析和效果评估，及时调整宣传策略和方案，提高推广效果和转化率。通过数据分析和效果评估，可以掌握用户的反馈和行为，优化宣传策略和方案，强化宣传效果，提高市场竞争力。

除此之外，需要注意的是，影视媒介作为传统文创产品的推广渠道，同样也存在一些挑战和风险。例如，影视作品可能存在过度营销和虚假宣传等问题，这些都需要开发者引起高度的关注和重视。

综上所述，在影视媒介推广中，各种方式的营销手段都是不可或缺的，如电视媒体、电影媒体、网络媒体等等。同时，在影视媒介推广过程中也需要注意创意和创新、合规经营等方面，确保推广效果和用户体验的质量。

（四）"互联网+"背景下的网络媒体与影视媒介合作推广的模型

在互联网普及之前，有限推广论、使用与满足论、采用与扩散论、说服论和一致论等模型被提出来研究信息推广和效果。随后，施拉姆基于前人理论，研究了大众媒介推广信息的路径和效果，并提出了大众推广理论模型（图6-1）。该模型显示，在推广渠道单一的时代，信息的推广和反馈是单向线性的。然而，随着互联网的发展，信息的推广和反馈在形式上和时间上都出现了巨大的变化。特别是在文创产品领域，传统的电影和电视剧等媒介产品在互联网时代变成了"网络电影"和"网剧"等文创产品，并形成了以用户为中心的文创生产模式。

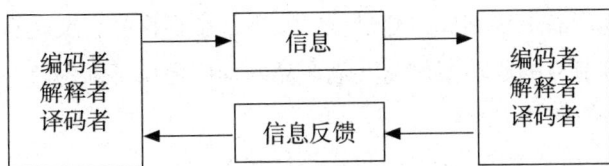

图6-1　施拉姆大众推广模型

与传统媒介推广过程中内容生产的单向性和盲目性不同，互联网内容的生产与消费是信息内容在创作者、推广者和受众之间流动的过程，内容的生产、交换和消费都与互联网紧密相关。以互联网为开放平台，内容创作阶段有工作室、签约作家、创意大赛、IP购买等各种形式支持内容输出；内容开发方面则有授权开发、合作开发、独立开发等模式；产品服务方面更是深度拓展，不仅内容（IP）之间相互转化，如文学作品可以改编为动漫、游戏、影视产品，游戏、动漫等也以文学、影视作品的形式推广。这些产品也都可以开发为生活用品、学习用品等衍生品，延长了传统内容（IP）的价值链。

在渠道分发阶段，互联网的加入使得内容推广的方式更加多元，线下推广、手机App、传统媒介、网站平台等使得产品营销更加方便、快捷。与以往消费者处于被动接受的位置相比，互联网时代的消费者逐渐掌握了主动权，通过视频平台、电影院、社交软件、移动终端等工具发表他们对产品的看法，甚至自己进行内容创作。

"互联网+"文创内容生产具有独特性，推广方式与传统单向推广有所不同，出现了新的变化。首先，用户不仅是文创内容的生产者、推广者和消费者三合一，而且也是主动的受众和内容的把关者。其次，网络平台提供素材，文创内容也为网络平台提供足够的资源以吸引用户。此外，在互联网时代，只针对个体的点对点推广相对于大众推广更具优势，个人定制分众营销等新型推广理念逐渐成为市场主流。

随着技术的进步，文创产品的设计推广也在不断尝试使用沉浸式、互动式等形式，使信息传递从单向到双向甚至多向，并赋予一定的故事情节。《上新了·故宫》是一档文化综艺节目，由故宫博物院、北京电视台和爱奇艺联合推出，采用"文化探索+文创运营"的节目模式，将文创产品的设计展示融入综艺节目中，全程展现了从发现传统文化符号，到进行文创产品设计，再到文创产品最终制成的全过程，实现了影视作品、文化符号和产品三者的结合。该节目的成功案例为文创产品的推广提供了新思路。

（五）案例：影视IP与文创产品推广

2023年春节档电影《流浪地球2》对中国电影行业的积极影响在多个方面体现，其中，影片衍生品在8天内创下破亿的销售额，这对于国内影视综合IP衍生品开发行业是一项标志性和开创性的成就。在春节前，中央广播电视总台发布了"大春晚季"品牌授权与版权文创暨"百人千创"合作计划，这标志着央视春晚这一顶级综艺IP的品牌授权和版权文创开发迈入新阶段。经过近几年的蓬勃发展，国内影视综合IP的衍生品开发行业正在迎来一个"大爆发"阶段。

此外，科幻题材影视作品中含有大量可进行衍生品开发的元素，这些原型的存在降低了开发难度，适合打造各种类型周边衍生品。《三体》《流浪地球》等科幻影视作品的认可，也为其衍生品开发提供了更多的商机。

1. 衍生品开发规律逐步清晰

为了让衍生品与IP相得益彰，首先要确保它们在审美特质和产品类型上相互适应。2021年，春晚IP推出了一个文创产品"春碗"，该产品由北京国际设计周公司策划，清华大学美术学院王红卫教授设计团队创意设计。它的器型取自明代正德碗，被称为"宫碗"，制作工艺、色彩运用、文化内涵等都与春晚IP相得益彰，非常巧妙地加入了谐音梗。

2023年的"大春晚季"再次推出了2023癸卯兔年系列文创产品，其中包括了以我国民俗和非遗元素为主题的四组年礼套盒。这些礼盒中包含了兔儿爷、福兔楹联、DIY手提灯笼等年俗产品，充分融合了传统文化元素。这些文创衍生品不仅在审美价值上与总台春晚的"气质"相符，而且在文化价值上也非常符合，是一个非常成功的衍生品开发案例。

2022年北京冬奥会期间，冰墩墩销售火爆，其成功原因不仅在于冬奥会这一顶级IP的基础，还在于其设计中融入了许多中国文化元素和科技元素，如国宝大熊猫等，与冬奥会主题高度契合，吸引了大量关注。此外，冰墩墩还采用了多种设计形式，如盲盒等，迎合了年轻消费者的潮流需求。

爱奇艺的综艺节目《登场了！洛阳》推出了一款考古盲盒周边产品，其中宝物包括绿松石龙形器、镶嵌绿松石兽面纹铜牌饰等，这些宝物的原型目前都收藏在洛阳博物馆中，这个独具文化和博物特色的创意，不仅具有科普性，还充满了体验感。

电影《满江红》的官方授权周边推出了众筹，但其中一些商品引起了网友的热议，例如，令牌香薰的原型是秦桧令牌，瑶琴、青梅则是惨死在秦桧手中的两个歌女的名字。这些话题引发了网友们对消费英雄和萌化反面人物等问题的讨论。目前，该众筹已被取消。

可以看出，要想打造成中国风IP的衍生品爆款，除了基于中国风IP的顶级影响力外，还需要满足以下几个条件。

第一，要选择合适的产品载体，如玩具、饰品、明信片、立牌、挂件、钥匙扣、书签、徽章等。不同的IP特质适用不同的产品载体形式。

第二，要选择与源中国IP审美特质、文化内涵相一致的产品，衍生品开发不是覆盖越全面越好，而是应该有选择地打造爆款。

第三，要选择适合当前年轻用户消费习惯和喜好的产品，如潮玩、国风、盲盒等。当然，高质量的制作水准也是成功的关键之一。

2.产业链条逐渐完善，影视行业积极推进

衍生品市场带来的收益越来越不容忽视，各方积极参与其中，推动打造更为成熟完善的产业链条。

爱奇艺作为一家影视综合IP的播出平台，积极推动衍生品行业的发展。在2021年的全球授权展·中国站上，爱奇艺与潮流品牌FOURTRY、虚拟偶像RiCH BOOM，以及围绕《风起洛阳》《嘟当曼》等IP展开授权合作，展示了其在IP衍生品开发能力和意愿方面的领先地位，同时希望能够与更多的合作伙伴围绕优质内容展开更多元、创新的开发尝试。

另一方面，腾讯视频也开辟了"草场地"衍生品商城频道，销售影视综合IP的衍生品。以近期热播剧集《三体》的衍生品为例，其金属徽章、棒球帽和明信片等款式多样，售价也在合理范围内，尽管还没有像《流浪地球2》的"笨笨"那样的热销产品，但衍生品多样性给粉丝们提供了更多的选择。

三、博物馆推广

博物馆推广是传统文创产品推广的重要渠道之一。博物馆不仅仅是收藏展示文物的场所，同时也是文化推广的中心和文化产业的重要组成部分。通过博物馆的宣传和推广，可以将文创产品更好地展示给公众，增强用户的体验感和参与感，提高文创产品的知名度和市场竞争力。

（一）博物馆推广的优势

知名度高：博物馆具有较高的知名度和声誉，能够借助博物馆的品牌形象，提高文创产品的认知度和关注度。通过与博物馆合作，可以将文创产品的品牌形象与博物馆的知名度相结合，提高产品的市场认知度和品牌价值。

用户体验好：博物馆通常会通过各种方式，如文物展览、互动展示等，为用户创造良好的参与体验和互动体验。通过与博物馆合作，可以将文创产品的特色与博物馆的用户体验相结合，提高用户参与度和品牌忠诚度。

市场影响力强：博物馆作为文化推广的中心，可以借助自身的品牌影响力，将文创产品推广给更多的用户。通过与博物馆合作，可以利用博物馆的渠道和资源，提高产品的曝光率和市场竞争力。

教育性强：博物馆通常会通过解说、讲解等方式，向用户传递丰富的文化知识，增强用户的文化素养和文化认同感。通过与博物馆合作，可以将文创产品与博物馆的文化传承相结合，增强产品的文化内涵和文化价值。

创新性强：博物馆通常会不断创新展览方式和展示手段，能够通过创新的方式吸引用户的关注和参与。通过与博物馆合作，可以将文创产品的创新理念与博物馆的创新展示相结合，提高产品的吸引力和差异化竞争力。

（二）博物馆推广的方式

展览宣传：可以通过博物馆的展览宣传推广文创产品，利用展览场地和展览宣传，提高文创产品的知名度和市场竞争力。在展览中，可以将文创产品与展览主题相结合，提高产品的文化内涵和文化价值，吸引用户的关注和参与。

教育活动：可以通过博物馆的教育活动和讲座等方式，向用户传递丰富的文化知识和相关的文化产品信息。通过与博物馆合作举办相关的教育活动，可以将文创产品的宣传信息融入活动中，提高产品的认知度和市场影响力。

社交媒体宣传：可以通过博物馆官方的社交媒体账号（如微博、微信公众号等），发布文创产品的宣传信息，吸引用户的关注和参与。通过社交媒体平台的宣传，可以将文创产品的信息传递给更多的用户，提高产品的曝光率和市场认知度。

合作推广：可以与博物馆进行合作推广，借助博物馆的品牌形象和宣传力量，提高文创产品的知名度和市场竞争力。通过与博物馆合作推出联名产品或者合作推广活动，可以将文创产品的特点和博物馆的品牌形象相结合，提高产品的品牌认知度和用户认同感。

（三）博物馆推广的注意事项

产品质量和文化内涵：文创产品必须符合博物馆的定位和文化内涵，确保与博物馆展览和宣传的主题相一致。开发者需要仔细研究博物馆的文化特点和受众需求，开发出具有文化内涵的产品，提高产品的专业性和品质。

策划合作：需要与博物馆建立合作关系，通过互惠互利的方式实现共赢发展。可以通过协商合作、签订协议等方式，建立长期稳定的合作关系，共同推进文创产品的开发和宣传。

参观体验：需要关注用户的参观体验，确保文创产品能够为用户创造良好的体验感和参与感。开发者可以在博物馆内设置展示区域和互动区域，为用户提供更加丰富的体验。同时，也需要注意用户反馈和意见，及时进行调整和改进，提高用户的满意度和品牌忠诚度。

知识产权保护：开发者需要保护文创产品的知识产权，避免知识产权被侵权或者泄露，确保文创产品的创新和商业价值。可以通过专利申请、商标注册等方式，保护文创产品的知识产权，避免侵权和纠纷。

宣传效果评估：需要对博物馆推广的宣传效果进行评估和分析，了解用户的反馈和意见，及时进行调整和改进，提高文创产品的推广效果。可以通过用户调查、市场调研等方式，了解用户的需求和反馈，及时优化产品和宣传策略。

风险管理：开发者需要建立完善的风险管理机制，规避可能的风险和问题，确保博物馆推广的顺利进行。可以制定相关的风险预案和应急措施，避免意外事件对文创产品和博物馆推广造成不利影响。

总之，在推广文创产品的过程中，需要关注产品质量和文化内涵、策划合作、参观体验等方面，同时注意知识产权保护、宣传效果评估和风险管理等问题，以实现文创产品的良好推广效果和商业价值。

（四）案例——用文创甜品"向着故宫敬一杯"

近年来，故宫博物院文创风潮兴起，吸引着越来越多的年轻人走进故宫、聆听历史、了解传统文化。故宫博物院文创丰富多样，既有首饰、文具、装饰画，也有咖啡、茶饮等。游览故宫时除了买一些小物件作纪念，还可以到文创店尝鲜甜品、咖啡、茶饮，感受味蕾的惊喜。

故宫神武门附近的角楼咖啡凭借蕴含宫廷元素的文创衍生品快速出圈。这里的布置充满中国风，屋顶悬挂的千里江山图布景以及配合花朝节的灯笼引人注目。

农历二月的花朝节是中国传统节日，也称"百花生日"，人们会在花朝节期间结伴赏花郊游。角楼咖啡应景推出了花朝节主题特调，比如百花朝朝·拿铁，不仅有冰激凌与拿铁的浓郁，还能品出桃花和山茶花的香味。与饮品搭配的花朝慕斯是玉兰花造型，也与春日玉兰盛开的美景相呼应。此外，角楼咖啡的文创纸杯也很有特色，丝路山水杯、千里江山杯、金地彩云蓝龙杯等杯身上的艺术花纹充满东方韵味。

"来故宫，怎能不来坤宁东苑，一起品下午茶"，不少网友种草坤宁东苑这家甜品店，其中一款柿柿如意糕点，柿子外形搭配一块巧克力做的玉如意，出镜率颇高；馥郁杨梅妃子饮，碗里放有大颗的荔枝和杨梅，符合中国人的口味。不少食客还专门穿着宫廷服饰来这里饮茶拍照，成为一抹亮色。

游完故宫如果意犹未尽，那一定要去对面的景山一览众山小。景山位于北京内城南北中轴线中心点，曾是北京城中心的最高点。

很多年轻人会在景山西门附近的山右里买上一杯文创饮品，再登上景山万春亭，俯瞰故宫，拍张美照。山右里的文创饮品最大特色是杯子上有高颜值插花，均为真花，香气四溢，杯身那句"向着故宫敬一杯"更是深入人心。"与北京城合影，这简直太酷了"，网友在大众点评写道。这家店还有像蜂窝煤造型的甜品，颇有年代感。

四、其他媒介推广

其他媒介推广主要有以下几种形式。

（1）商场推广：可以在商场、百货公司等地方设置展示区域，展示文创产品，并通过促销活动、赠品等方式吸引用户关注和购买。

（2）街头宣传：可以在繁华商业街、旅游景点等地方设置展示牌、海报等宣传资料，提高文创产品的曝光率和知名度。

（3）品牌推广：可以通过建立品牌形象、培养品牌价值等方式，提高文创产品的品牌知名度和市场认可度。

（4）合作营销：可以与相关的企业、机构、组织等进行合作推广，通过互惠互利的方式，共同实现推广效果和市场价值。

（5）传统媒体推广：可以通过电视、广播、报刊等传统媒体的广告投放和赞助等方式，扩大文创产品的宣传范围和受众群体。

（6）活动营销：可以通过举办文创产品发布会、主题展览、互动活动等方式，增强用户的参与感和体验感，提高产品的知名度和市场竞争力。

（7）微信小程序：可以开发微信小程序，提供在线购买、在线咨询、线上互动等功能，吸引用户的关注和参与。

（8）线下实体店：可以在城市商业中心、创意园区等地方开设实体店，提供展示、销售、体验等服务。

（9）智能硬件：可以开发智能硬件产品，如智能手环、智能手表等，将文创产品与智能科技相结合，提高产品的附加值和吸引力。

（10）家居配饰：可以将文创产品应用于家居配饰领域，推出创意家居用品、文创设计家具等，增加产品的差异化和品质感。

（11）跨界合作：可以与其他领域的企业或品牌进行跨界合作，通过产品组合或者联名推广的方式，扩大产品的受众和市场。

（12）二次元文化：可以将文创产品与二次元文化相结合，推出二次元周边产品、动漫游戏、虚拟主播等，吸引年轻用户的关注和参与。

第三节　文创产品的市场营销

一、文创产品的市场营销现状

（一）营销体系不够完善

作为一个新兴的行业，文创产业在多个方面仍然存在明显的不足，其中之一就是产品市场营销体系不够完善。现有的营销体系相对混乱，导致文创产品的营销工作往往徒劳无功，即使投入大量资源也难以达到预期效果。一方面，文创产品营销缺乏专门的机构，必要的营销支撑基础不够稳定，从而无法形成完善的营销体系。另一方面，文创产品市场营销制度不够完善，未能根据产品的实际特性进行合理的营销，而是直接借鉴其他行业的营销理念和方法，导致实际营销效果与预期存在严重偏差。

（二）营销精准度较低

在市场营销领域，文创产品主要可以采用两种策略：广泛性营销和精准性营销。广泛性营销的目标是在整个市场范围内宣传产品，以吸引对该产品感兴趣的人并激发对该产品不感兴趣的人的兴趣。精准性营销则更加针对细分市场，通过最小化成本来获得更好的营销效果。但是，当前文创产品的精准性营销还存在许多问题，最主要的是精准度不高。这导致难以准确地定位目标市场并进行营销，从而无法在成本和效果之间达到有效的平衡。另外，这也会导致不必要的营销成本浪费。

（三）互联网平台利用不足

在互联网时代，文创产品的市场营销需要利用互联网的优势来提高营销效果。然而，文创产业与旅游业密切相关，随着旅游电子商务的发展，文创产业的市场营销面临着利用互联网平台不足的问题。这种情况在一定程度上限制了市场营销的进一步提升。

二、文创产品的市场营销渠道建设

（一）充分利用人才优势完善营销体系

为文创产品建设营销渠道需要建立健全的营销体系，只有这样才能确保渠道建设工作的有效性，从而为文创产品进一步拓展市场打下基础。文创产业的技术和人才优势是营销体系构建进度的关键因素。在建立文创产品市场营销的专业机构时，需要大量的优秀人才来支持机构建设。只有在充足的优秀人才支持下，才能快速地建立符合产业标准和需求的专业机构，为文创产品的市场营销提供专业的指引和规划，推动市场营销渠道的合理建设。在建立市场营销制度方面，优秀的文创产业人才可以充分利用自身专业知识、技能和经验，借鉴其他行业的营销机制，考虑文创产品的特性，构建符合文创产品营销需求的完善制度。

（二）拓展文创产品电商渠道

随着电子商务的快速发展，互联网时代的市场格局彻底改变。文创产业需要充分认识到电商平台所蕴含的巨大潜力，积极开拓电商渠道，利用互联网的优势来强化市场营销效果。通常来说，文创产品可以通过电商平台进行网络销售。但由于文创产品只属于受众较小的市场商品类别之一，其在已经成熟的电商平台上进行市场营销往往难以吸引消费者的关注，难以与其他普通产品一同争夺电商平台的推荐页面。为了应对这一问题，文创产品企业可以在自身条件允许的情况下，构建专门的网站进行网络自营，从而在电商平台获得消费者的关注。但对于大部分文创产品企业、组织、部门来说，他们往往没有足够的人力和财力来建设专门的自营网站。因此，可以通过微信、微博等社交平台，利用后者强大的信息传递功能进行市场营销。通过这些社交平台，文创产品企业可以与消费者进行直接互动，传播品牌文化，提升产品认知度，增强消费者对产品的信任感。

（三）加强渠道客户管理，提供个性化服务

在精准市场营销的模式下，必须加强渠道客户管理，维系现有客户关系的同时进一步开发新客户。文创产品的市场营销大多面向更加细分的市场，其受众客户是对相应文化感兴趣的人群，数量相对有限。因此，需要针对这部分核心客户加强管理，维系与客户之间的关系，让核心客户成为文创产品市场的主力消费人群。为了实现这一点，可以结合文创产品的特色，为客户提供个性化服务，长期而有效地吸引客户。同时，还需要结合潜在客户对文创产品的需求和期望，制定适合吸引潜在客户的个性化营销方式，推动潜在客户向核心客户的有效转化。通过提供个性化服务和营销方式，可以增强客户的黏性和忠诚度，提高客户满意度，为文创产品市场的持续发展打下坚实的基础。

（四）降低价格，刺激消费

文创产品市场营销的关键在于不断开拓新市场，同时保持原有市场。这是市场营销渠道建设的基本原则。通常来说，现有市场已经包含了对产品具有较高兴趣的大部分客户，而潜在客户则多为对产品兴趣较小的人群。对于这些潜在客户，售价的优势是刺激其进行消费的关键。因此，在建设文创产品市场营销渠道时，需要进行市场调研，分析潜在客户对文创产品的期望价格，结合产品成本与潜在客户数量增加销量，适当调整现有产品的价格。虽然这会在短时间内导致产品利润下滑甚至可能出现亏损情况，但在长期经营

后所带来的市场经济价值却是难以预估的。但是必须注意，文创产品价格的降低必须足够合理，否则市场风险将会过大。因此，在建设文创产品市场营销渠道时，应当尽量运用大数据、云计算等先进技术，为营销渠道建设决策提供基础依据。

当前文创产品的市场营销效果并不如人意，因此需要积极加强营销渠道建设，稳固既有渠道的同时开拓新领域，促进文创产品市场占有率的进一步提升。为了实现这一目标，需要充分认识当前市场营销存在的缺陷与不足，并从利用人才优势完善营销体系、拓展文创产品电商渠道、加强渠道客户管理和降低成本等方面加强市场营销渠道建设。通过这些措施，可以为文创产品的市场发展打牢根基。

三、文创产品的市场营销策略

（一）主要策略

1. 市场定位与目标群体分析

在进行文创产品市场营销前，首先需要明确产品的市场定位。企业应准确把握消费者需求、文化价值、产品特点等因素，以确定目标群体。一旦目标群体明确，企业可以通过大数据分析、用户调查等手段，对消费者的年龄、性别、兴趣爱好、消费习惯等进行深入了解，从而制定更有针对性的营销策略。

2. 产品创新与差异化

文创产品的核心竞争力在于创新。企业应致力于研发具有独特设计、独特功能或独特文化内涵的产品。差异化策略可以帮助企业在竞争激烈的市场中脱颖而出。此外，文创产品应关注产品质量，注重细节，以满足消费者对高品质产品的追求。

3. 品牌建设与传播

品牌是文创产品市场营销的核心。企业应通过创新产品设计、传播品牌故事、建立企业形象等途径打造自己的品牌。与此同时，企业可以利用社交媒体、线上线下活动、KOL营销等方式进行品牌传播，提高品牌知名度和美誉度。

4. 渠道拓展与整合

文创产品销售渠道的拓展与整合是市场营销的重要组成部分。企业应根据目标群体的特点，选择合适的销售渠道。这些渠道可能包括线上电商平台、实体店铺、文化活动、展会等。同时，企业需要不断优化渠道结构，整合各种资源，以提高销售效率。

5. 营销活动与促销策略

企业应定期开展各类营销活动，以吸引消费者关注和购买。这些活动可以包括限时促销、满额赠品、组合优惠、会员特权等。同时，企业可以尝试与合作伙伴、社交媒体KOL、明星代言人等开展合作，以增加产品曝光度和消费者的购买意愿。

6. 用户体验与售后服务

优秀的用户体验是留住客户、提高客户忠诚度的关键。企业应关注用户在使用文创产品过程中的感受，从包装设计、产品使用、售后服务等方面提升用户满意度。同时，建立健全的售后服务体系，及时解决消费者的问题和需求，有助于形成良好的口碑，吸引更多潜在客户。

7. 数据分析与优化

在文创产品市场营销过程中，数据分析是不可或缺的环节。企业应通过数据监控、用户调研等方式，收集和分析市场、用户、产品等方面的数据。通过对数据的深入挖掘和分析，企业可以不断优化营销策略，提高市场营销效果。

8. 社会责任与文化传播

作为文创产品，文创产品应承担一定的社会责任，助力本土文化的传承与发扬。企业在市场营销过程中，可以积极参与公益活动、支持非遗传承项目、与文化机构合作等，为社会贡献正能量，同时提升品牌形象。

文创产品市场营销涉及众多方面，企业在进行文创产品市场营销时，需要综合运用各种策略，形成系统的市场营销体系，从而实现产品的推广和销售。

（二）案例分析——故宫博物院文创产品营销

故宫博物院是中国最具代表性的文化遗产之一，拥有丰富的文化资源。近年来，故宫博物院积极拓展文创产业，推出了许多具有传统文化特色的文创产品，如故宫日历、故宫口红、故宫玩具等，获得了市场和消费者的热烈反响。以下是故宫文创产品市场营销案例的详细分析。

1. 市场定位与目标群体

故宫文创产品的市场定位是以传承和弘扬传统文化为核心，将中国传统艺术与现代审美相结合，创作出既有文化内涵又具有时尚感的产品。故宫文创产品的目标群体主要包括对传统文化感兴趣的人群，追求个性与品质的消费者以及年轻一代。通过将文化与现代设计相结合，故宫文创产品在传承传统文化的同时也满足了年轻人的审美需求，使得传统文化得以延续和发扬。

2. 产品创新与差异化

故宫文创产品充分利用故宫丰富的文化资源，结合现代设计理念，打造出极具特色的文创产品。例如，故宫口红以宫廷御膳为设计灵感，采用了独特的宫廷色彩，并搭配精美的包装，将传统文化与时尚元素完美融合。此外，故宫文创产品也包括多样的艺术品、文具用品、家居饰品等，不断推陈出新，满足不同消费者的需求。通过产品的创新与差异化，故宫文创产品在市场中形成了独特的竞争优势。

3.品牌建设与传播

故宫博物院依托自身的品牌优势，借助社交媒体、短视频平台等新兴传播渠道，将故宫文创产品推向市场。此外，故宫还与知名企业、设计师、艺术家等合作，共同打造多样化的文创产品，进一步提升品牌形象。故宫博物院通过在多个传播渠道中持续推广文创产品，提升品牌知名度，并借助社交媒体的互动性，与消费者建立联系，增强品牌与消费者之间的互动。此外，故宫博物院还通过线上和线下联动的方式，将文创产品推向更多的消费者，进一步拓展市场。

4.渠道拓展与整合

故宫文创产品通过多种渠道销售，其中实体店和线上商城是主要的销售渠道。故宫在北京、上海、广州等城市的商业中心、旅游景点等地设立了专卖店，为消费者提供便利的购物体验。此外，故宫还与淘宝、京东等电商平台深度合作，拓展线上销售渠道，实现线上线下互动和无缝衔接，同时将产品推广到更广泛的市场。故宫还与其他品牌、企业合作，推出联名产品，扩大产品的受众范围，进一步提升品牌知名度和美誉度。

5.营销活动与促销策略

故宫博物院通过不同类型的文化活动，如展览、讲座、文化沙龙等，与文创产品相结合，增加产品曝光度和购买意愿。此外，故宫还推出限量版文创产品、节日主题产品、会员专属优惠等营销活动，吸引消费者关注和购买。通过促销策略，故宫成功地提高了产品销量和客户黏性，并为未来的市场发展打下了良好的基础。

6.用户体验与售后服务

故宫文创产品注重用户体验，从产品设计、包装、使用等多个环节进行优化。故宫口红采用磁吸式包装设计，既美观又实用。此外，故宫还注重售后服务，建立了完善的售后服务体系，及时处理消费者的疑问和需求，提高客户满意度。故宫通过优化用户体验和售后服务，增强了产品的品牌忠诚度和口碑。

7.数据分析与优化

故宫博物院通过线上线下销售数据、用户反馈、市场调研等方式，收集和分析市场、用户、产品等方面的数据。根据数据分析结果，故宫不断优化产品设计、营销策略等，以提高市场营销效果。故宫利用大数据、云计算等技术，为决策提供基础依据，同时通过数据分析和优化，提升产品的市场竞争力和市场占有率。

8.社会责任与文化传播

作为传统文化的代表，故宫文创产品肩负着弘扬和传承中华优秀传统文化的重任。故宫博物院通过举办各类公益活动、支持非遗项目、与文化机构合作等方式，传播中华文化精髓，提升国家文化软实力。

首先，故宫博物院积极开展各类公益活动，例如，面向贫困地区和青少年的文化助学计划、为残疾人和特殊儿童提供参观和体验服务等。通过这些公益活动，故宫既能够让更多人接触和了解中国传统文化，又能够发挥文化教育的积极作用，推动社会发展。

其次，故宫博物院支持非遗项目，例如，与北京传统技艺保护协会合作推出非遗系列产品、与民间艺术家合作创作新产品等。这些合作既有利于传承和弘扬中国传统技艺，也有助于将非遗项目与现代设计相结合，提升产品的时尚感和市场竞争力。

最后，故宫博物院与文化机构合作，例如，与国家大剧院合作推出"故宫音乐会"、与中国美术馆合作推出"故宫艺术展"等。这些合作不仅能够将故宫文化推向更广泛的受众，还能够与其他文化机构交流合作，促进中华传统文化的传播和交流。

综上所述，故宫文创产品在社会责任和文化传播方面做出了积极努力，既能够传承和弘扬传统文化，又能够与现代设计相结合，提高产品竞争力，为中国文化的传播和发展作出了贡献。

参考文献

[1]（美）博尼塔·M·科尔布著；赵子剑译.文创产业创业学[M].沈阳：东北财经大学出版社，2018.

[2]包银全."传统"与"现代"的碰撞:文创产品设计中的创新性研究[M].天津：天津大学出版社，2020.

[3]陈斌，禹和平，靳曦.民间美术与现代设计[M].武汉：华中科技大学出版社，2018.

[4]程传超，周卫.图书馆文创产品开发研究[M].长春：吉林人民出版社，2020.

[5]丁伟.文创设计新观[M].北京：北京理工大学出版社，2018.

[6]贡巧丽，郝丽琴.文创产品传播与推广的媒介呈现[M].成都：电子科技大学出版社，2019.

[7]何家辉.文创设计[M].武汉：华中科技大学出版社，2020.

[8]姬喆，蔡启芬，张晓宁.中国传统文化元素与艺术设计实践[M].长春：吉林文史出版社，2021.

[9]黎青.非遗保护视角下的文创产业扶贫案例研究[M].湘潭：湘潭大学出版社，2021.

[10]李宝龙，杨淑琴.中国传统文化[M].北京：中国人民公安大学出版社，2006.

[11]李典.博物馆文创产品开发设计与发展思路研究[M].长春：吉林人民出版社，2020.

[12]李世杰.视觉传达设计的创意与表现[M].北京：北京工业大学出版社，2020.

[13]李雅林.文创产业与产品传播的媒介发展路径研究[M].沈阳：沈阳出

版社，2019.

[14]栗翠，张娜，王东东.高等院校艺术设计专业系列教材文创产品设计开发[M].北京：中国轻工业出版社，2021.

[15]刘芳，种剑德，王玉红.中国传统文化[M].北京：中国传媒大学出版社，2015.

[16]刘金同，马良洪，高玉婷.中国传统文化[M].天津：天津大学出版社，2009.

[17]路伟.中国传统文化[M].桂林：广西师范大学出版社，2016.

[18]马怀立，姜良威，张毅.中国传统文化[M].天津：天津人民出版社，2018.

[19]马志洁，田志梅，彭涌.广告创意[M].北京：中国青年出版社，2012.

[20]潘鲁生，张焱.文创产品设计开发[M].北京：中国纺织出版社，2022.

[21]冉启江，韩家胜，康佳琼.中国传统文化[M].上海：上海交通大学出版社，2016.

[22]汪尚麟，周承君，罗瑞兰.图形设计基础[M].武汉：武汉大学出版社，2010.

[23]王俊涛.文创开发与设计[M].北京：中国轻工业出版社，2019.

[24]王亚民.故宫文创记[M].保定：河北大学出版社，2018.

[25]温庆武，周秀梅.艺术采风中国传统设计艺术考察[M].武汉：武汉大学出版社，2011.

[26]杨静.文创产品设计与开发[M].长春：吉林美术出版社，2019.

[27]杨文涛.中国传统文化[M].北京：中国言实出版社，2020.01.

[28]于爱晶.文创产业的创新、融合与实践[M].北京：北京联合出版公司，2020.

[29]张义明，易宏军，蔡云辉.中国传统文化[M].西安：西北大学出版社，2012.

[30]张毅.美学视阈下的艺术设计研究[M].沈阳：辽宁大学出版社，2019.

[31]周建波，陈嘉蓉，刘萍萍.现代艺术设计与传统文化元素应用研究[M].长春：吉林人民出版社，2019.

[32]朱岚.中国传统文化[M].北京：国家行政学院出版社，2013.

[33]李程，钱麒光.紫砂茶具北方设计风格研究——探寻喀左紫砂茶具的发展之路[J].艺术工作，2021，（05）.

[34]钱麒光，李程.新辽瓷艺术的审美探索与实践——《皮囊壶》系列陶艺创作之理念解析[J].美术大观，2016，（04）.

[35]李程，钱麒光.器皿之心——汝瓷《玄光》系列作品之创作感悟[J].美苑，2015，（02）.